Y²

ALOPH
OV
LE PARASTRE
MALHEVREVX

Histoire Françoise.

PAR M^r. DE BELLAY.

A LYON,
Chez AMBROISE TRAVERS,
en ruë Merciere.

M. DC. XXVI.
Auec Priuilege du Roy.

PREFACE.

Pres LA MARASTRE IMPLACABLE il ne sera pas mal à propos (mõ Lecteur, mon Amy) que ie fasse suiure ce PARASTRE MAL-HEVREVX. Ce sont deux traictez qui de diuers costez arriuent à mesme but, & faut voir que ceux qui ont des desseins malicieux sur la vie, le bien ou la reputation d'autruy, ont tousiours des succes malheureux, la Iustice diuine le permettant ainsi, & ne souffrant pas que l'impie s'enorgueillisse par la souffrance de l'affligé. Le Seigneur, dit le diuin Chantre, ne lairra point la verge & le fleau du Pecheur regner long temps sur le Iuste : de peur que

cestuy-cy se voyant indignement &
iniquement traitté n'estende sa main
au fruict deffendu, c'est a dire, ne se
porte au mal plustost par le desespoir,
que par vne volonté franche & vn
mouuement libre. Neantmoins en la
conuenance de ces deux Histoires il y
a vne difference notable, qui se tire de
la distinctiō des sexes. L'Homme ayāt
la force, & en suitte la puissance &
l'authorité pour son partage, procede
en ses desseins auec vne violence ouuerte, & veult de haute luitte empor-
ter ce qu'il entreprend. La femme plus
foible & debile, & qui a toutes ses armes comme tous ces charmes en sa
beauté, va par des destours en ses pretē
sions, & comme ayant la premiere mā-
gé du fruict de la Couleuure, & pre-
sté l'oreille aux persuasions du Ser-
pēt, aussi mieux instruitte en ses ruses
elle a des artifices inimaginables pour
arti-

arriuer où elle auise, & viēd à bout pl⁹ efficacemēt par sa subtilité de ce qu'elle desseigne, que ne faict l'hōme auec son impetuosité. Mais Dieu a dit par son Prophete, qu'il perdra toutes les voyes des pecheurs soyent ouuertes soyent couuertes, & qu'il abregera les iours non seullement des hommes de sang & cruels, mais encore des personnes cauteleuses & ruzées, & peut-estre que haissant d'auantage celles cy que les autres, à cause de leur duplicité extrememement opposée à la simplicité, il les traitte plus rudement & les chastie plus exemplairement Aussi est-il euident que la finesse a beaucoup plus de malice que la fureur, & que la tromperie est d'autant plus lasche & blasmable que la colere, & que le Renard est vn animal plus vil que le Lyon. L'histoire de DAMARIS fera voir l'vn, & iusques où vont les soupplesses d'une Marastre que la haine porte a rechercher des vengeances par des voyes biaisées. Celle d'A-LOPH que ie te presente ici (mon Lecteur) te fera cognoistre plus de fougue que de malice; mais vne fougue brutale, qui ne respire que carnage & que sang, & toutes les deux font voir que les secondes nopces, principalemēt quand il y a des enfans du premier lict, sont plustost des guerres que des alliances, si Dieu n'y respand vne ample benediction. Ie ne veux point morfondre plus long temps la chaleur qui te presse de deuorer auec les yeux le faict que ie te propose, ayant retiré de ce commencement & rejetté sur la fin du Narré les enseignemens moraux qui s'en peuuent tirer. Le Ciel t'en rẽde la lecture aussi aggreable & autant vtile que ie te la souhaitte,

ALOPH.

ALOPH

EN l'vne de ces deux Prouinces de nostre Fráce qui sont voisines de la Flandre, (& ie ne veux, ny ne dois, ny ne peux autrement la determiner pour ne donner trop de place à la cójecture) vne Dame Parisienne pour l'abondance de ses richesses, plustost que pour l'antiquité de son lignage & de sa noblefse, deuint femme d'vn Gentil-homme de la campagne qui pouuoit la rendre auſſi noble qu'elle apportoit de commoditez en la maiſon de ſon Mari. Elle contribua à ce Mariage la docilité ſi naturelle à ceux qui prennét leur naiſſance & leur nourriture dans cette grande ville. Le train de ſa vie fut ſi reglé durant ſes premieres nopces qu'elle fit paroiſtre en ſes moyens vne bonne inſtitution, & que ny les commoditez qui corrompent les meilleurs naturels, ny les cópagnies qui alterent les eſprits

prits de la plus fine trempe, n'auoyent pû la jetter dans tant de vanitez & d'affetteries, dont on blafme les filles de Paris. Encore qu'elle euſt eſté eſleuée dans ceſte ſuperbe Cité, qui a tout le reſte du monde pour ſes fauxbourgs, & hors de laquelle (comme c'eſt Ancien diſoit de Rome) c'eſt viure en vn perpetuel exil: ſi eſt-ce que ſans regarder en arriere, & ſans regretter ce ſejour où les delices ſont ſans fin, elle quitta franchement ſes plus proches pour ſuiure celuy à qui Dieu l'auoit donnée, & pour le-
Aa 5

quel comme bien informé en la loy diuine elle se sçauoit obligée de quitter ses Parens & son Pays : qui sont les plus forts liens, dont la nature nous attache, quand nous viuons sur la terre. Son Mari d'autre part voyant en elle tant de douceur & de dilection taschoit de la reconnoistre par vne bien-veillance reciproque, ne la tenant pas seulement pour compagne, mais comme vne insigne bien-faittrice ; parce qu'en payant ses debtes de son grand mariage elle l'auoit tiré de beaucoup d'in-

com-

commoditez qu'il souffroit auparauant, & mis dans vne opulence, qui n'est pas commune parmi les Nobles qui font leur demeure à la campagne. Heureux ainsi & côtents ils menoyent vne vie plus capable de donner de l'enuïe que de la pitié. Et pour côbler l'heur de Stace, (c'estoit ce Mari fortuné) & mettre vne baze asseurée à l'establissemét de sa maison, Dieu luy donna vne belle linée, benedictiõ qu'il promet à ceux qui le seruét auecque fidelité en leurs mariages. Ainsi disoit-il à Dauid, qu'il

l'esleueroit sur son throsne, c'est à dire, qu'il mettroit son heritage entre les mains du fruict de son ventre. Cecile sa femme luy en fit plusieurs, mais de leur plus tendre jeunesse Dieu en faisoit de petits Anges en les tirant à soy dans l'estat heureux de leur innocence premiere : deux seulement furent preseruez à la vie, ou plustost reseruez à autant de morts qu'ils sentirent de miseres. O Seigneur! ie sçay que vous estes Iuste, & que tous voyes sõt la mesme droicture cõme tous iugemés sont la mesme equité.
Si

Si ne peux je me tenir que ie ne vous die vne parole qui me semble juste & fidele. Qu'ont faict ces innocens, & qu'ont mesme fait ceux par qui vous les auez mis au mõde pour estre donnez en proye à tãt de malheurs que ceux qui les accuillirẽt : mais non Seigneur, ie m'abbats sous la grandeur de vostre prouidence, & ie cõfesse que ma pensée est trop courte pour en mesurer l'immensité, que i'ay la paupiere trop foible pour en soustenir la splendeur, & que celuy qui veut auec temerité sonder la
pro-

profondité de vos secrets & la hautesse de vostre Majesté est iustement opprimé par la grandeur de vostre gloire. Ignore-ie, Sauueur du Monde, ce que vous respondistes à ceux qui vous interrogerét touchant la cause de l'aueuglemeut de Calidoine, que c'et aueugle de naissance n'auoit point peché ny mesme ses parens, mais qu'il estoit né auec ce deffault affin que la gloire de Dieu en fust manifestée. Ce qui apparoistra en l'issuë de cette Histoire, où nous verrons que par d'horribles tépestes l'Eternel amena na ces vaiſſeaux au haûre de ſa grace. Stace & Cecile eſleuoyent ces deux jeunes plãtes auec tant de ſoin, que l'Amour à de couſtume d'inſpirer aux parens qui n'ont rien de ſi cher que l'eleuation de leurs enfans, & comme elles eſtoyẽt arroſées de bons enſeignemens & cultiuez auec ſollicitude, elles reſpondoyẽt au trauail & promettoyent de bons fruicts, lors que le temps les auroit renduës capables d'en rendre. Cependant la viciſſitude des choſes du monde qui s'entrepouſſent à leur fin & appellẽt les

les Peres au tôbeau, lors que les enfans sont sur le point de respádre leur iour sur l'orizon du monde, fit que Stace au milieu de beaucoup de felicitez fut accueilly de la mort, qui laissant en arriere (aueugle & sourde qu'elle est) tant de miserables qui la reclament, comme l'vnique remede à leurs disgraces, prend plaisir à ietter sa faux parmy les lys & les roses des plus abondantes prosperitez poussant d'vn pied esgal & les Palais des grands Princes & les cabanes des villageois. Encor si tu auois quelque esgard

gard à l'vnion de ces cœurs, dont tu defassébles les corps, sás doute ou tu les eusse laissé plus long temps ensemble, ou par vne grace impitoyable tu eusses en vn mesme instát coupé le fil de leurs iours. Car comme ceſt vne eſpece de conſolation de mourir auec ce que l'on aime, c'eſt vne ſi extreme douleur de luy ſuruiure qu'il n'y a point de cruauté ſemblable à ceſte ſeparation. Mais qu'elle pitié peut-on eſperer de ce fantoſme inexorable qui arrache les Maris d'entre les bras de leurs eſpouſes, les enfans à
leurs

leurs Peres, & barbare qu'il est, qui estouffe quelque-fois dans les entrailles de leurs meres ceux qui n'en sont pas encore sortis, & qui perdent la vie auant que de naistre, fermás les yeux aux tenebres de la mort auant que d'auoir veu la lumiere du iour.

Il ne faut donc iamais balançant
noſtre ſort
Voir ce que peut l'Amour, mais ce que
peut la mort:
Qui, foulant ſous ſes pieds les plus
fiers diademes,
Et d'vn Sceptre de fer maiſtriſant les
Rois meſmes,
Contre les vrais Amans ſe vange
ſans pitié

De

De n'auoir nul pouuoir sur la vraye amitié.
Mort cruelle à ces cœurs que ta main d'esassemble.
Ciel, ou cruel ou sourd, eù tous les deux ensemble,
Qui iamais n'as daigné te laisser esmouuoir
Aux vœux que ces deux cœurs te faisoyent conceuoir.
Que vous auez destruit vne amitié fidelle,
Rompant vne vnion digne d'estre eternelle.

De vous dire l'inconsolable douleur, qui saisit l'ame de Cecile à la perte de son cher Stace, il ne se peut sans emprumpter les traicts de la mes-

mesme pitié: & à n'en mentir point, tout ainsi que les corruptions les plus grandes se font des corps les plus delicats, aussi les separations les plus fascheuses sont celles qui se font entre des personnes qui s'entraiment le plus parfaittement. Stace estoit encore plain de vigueurs, & ne faisoit que de saluer l'autre de la premiere vieillesse: ce fruict ne me sembloit pas encore meur, au contraire il estoit en vn âge extrememét propre a l'employ, parce qu'il n'auoit plus cette fougue excessiue qui faict precipiter
impu-

impudemment la jeuneſſe dans les hazards, mais il auoit vne force conſtante, capable de faire de bons & iudicieux exploicts. Iuſques là meſme que pour ſe mettre en credit dans le monde, & laiſſer ſon fils en quelque authorité, il eſtoit ſur le point, à l'aide des moyés qu'il auoit de ſa femme, d'étrer par la porte d'Oréc (il n'y en à point d'autre ouuerte en France) dans le Gouuernement d'importance d'vne place forte aſſiſſe ſur noſtre frontiere. Mais Dieu, qui voit de la haut combien ſont vaines & friuoles les
per-

pensées des hommes, casse quand il luy plaist leurs desseins comme des pots de terre. Stace estoit grand chasseur, & côme les plaisirs violens portent tousiours à des exces nuisibles, durãt vn iour d'Esté il s'eschaufa tellement a c'et exercice, qu'vne pleuresie l'ayant saisi l'opiniastreté du mal vainquit toute la force & la multitude des remedes. On eut toutes les peines du monde a faire resoudre Cecile a ne suiure point son Mari, mais à conseruer sa vie pour l'eleuation de ses enfans; ce fut la seule consideration

ration qui luy fit r'ouurir les yeux à la lumiere, se promettant de cultiuer en eux l'inuiolable affection qu'elle auoit vouée à son Espoux. Il y eut vn Poëte du temps qui fit vne peinture de son affliction en ces

STANCES.

Q*Von ne s'attende point de voir iamais finir*
La douleur que ie porte,
Le temps & la saison la feront deuenir
D'heure en heure plus forte:
Car les mains de la mort ayant rauy l'object,

Dont

Dont, i'honorois les charmes,
Comment pourroit le mien pour si digne subject
Respandre assez de larmes!
Non non, ie veux passer le reste de mes iours
La bouche au cris ouuerte,
Et si ie crains encor qu'il ne ne me soyent trop couris
Pour bien plaindre ma perte.
Ce coup par qui la mort de ta ferme vigueur
Remporte la victoire,
Me semble si perfide, & si plein de rigueur,
Que i'ay peine a le croire.
Mais ie ne croy que trop de la fatalité
L'ordonnance inhumaine:
Car si mõ cœur auoit plus de credulité,
Il auroit moins de peine.
Stace tu ne vis plus, des-ja le Nautonnier

Des

Des eaux mortes & sombres
A de tes cheres mains retiré le de-
nier
Qu'il exige des ombres:
Sa barque ta conduit aux champs des
bien-heureux,
Où ton ame r'aconte,
Attirant apres soy les esprits Amou-
reux,
Ta mort qui fut si prompte.
Tu leur dis de quels feux nos cœurs
furent espris,
Et qu'elle fut l'estrainte
Qui desspuis si long temps auoit de
nos esprits
La liberté contrainte.
Puisses-tu bien souuent tenir de tels
discours,
(O ma plus chere gloire)
Et puisses-tu sans fin de nos sainctes
Amours
Conseruer la memoire.

Bb

De moy ie iure icy les rais de ton
flambeau
Ores dans les tenebres,
Que les feux de mon cœur seront de
mon tombeau
Les lumieres funebres.

Tádis qu'elle esleue doucement Flauie & Seruat les deux prunelles de ses yeux & les pourtraits viuans de leur Pere mort, sa vie se coule (hors le regret qui la ronge sans cesse) dans toutes les cómoditez & les aises qui se peuuét imaginer en ce mortel sejour. Mais le Ciel qui ne vient pour voir en la terre cette constante & inuiolable fe-

felicité, qu'il reserue pour ceux qu'il esleue en la Gloire, ne voulut pas que l'inconstance d'vne femme mist vn clou à la roüe de la fortune, ny qu'elle passast le reste de ces iours sans sentir les trauerses dont ceste vie est sans cesse agitée. Ceux qui ont de grands biens ont ordinairement des proces en bō nombre, principalement en France où les formalitez de la Iustice ont vne guerre durant la Paix, qui ruine presqu'autant les grādes maisons que les petites sont desolées en tēps de troubles par les gēsdarmes. Cela obligeoit noſtre veſue a eſtre plus ſouuét a Paris qu'en ſa maiſon, qui deſpuis la perte de ſon Mari luy ſembloit vne vaſte ſolitude. Et par diſſimilitude, ſi vn Cerf nourri domeſtiquement parmy les hommes & les Chiens reprend auſſi-toſt ſon air naturel & ſe perd dás les bois quand on luy donne la clef des champs; cette Pariſienne, à qui la compagnie de ſon Mary faiſoit treuuer les campagnes douces, eſtant reuenuë au ſejour de ſa naiſſance, eut en horreur la demeure ſolitaire amorcée par les

les attraicts de sa premiere nourriture, & en peu de téps elle reprit le train des cóuersations & des passe-temps, parmy lesquels elle auoit esté esleuée. Certes comme il est plus facile aux Dames Italiennes ou Espagnoles, qui viuent plus retirées & resserrées, de s'accómoder aux façons de la France plus libres & famillieres, qu'il n'est pas aux Françoises de s'habituer aux mœurs & aux coustumes des femmes d'Italie ou d'Espagne. Les oyseaux se plaisans beaucoup plus à l'air que dans les cages, Aussi est-il

plus aisé aux filles esleuées à la campagne de s'accoustumer aux villes où les compagnies sont frequentes & les diuertissemens en grand nóbre, qu'il n'est à celles qui ont esté nourries dans les Citez de se ranger à la forme de vie qui se passe parmi les villages. Car, quoy que chantét les Poëtes des plaisirs & des douceurs de la vie Rustique, c'est vn triste sejour pour ce sexe dont l'elemét est de parler, & quelque murmure que le Zephire excite parmi les fueilles & quelque gazouillement que produise le d'e-
cou-

coulement des ruisseaux, ny les arbres, ny les fontaines ne parlent point distinctement que leurs discours puissent estre remarquez si ce n'est parauanture des melancoliques & songe-creux qui s'imaginent que leur pensées battent à leurs oreilles, & à qui le babil des Echos sert de conuersation. Voyla nostre vefue dás Paris plus que iamais, & qui en gouste les delices tout d'vne autre façõ que quand elle estoit fille: car alors les yeux feueres d'vne Mere, qui comme vn Dragõ vollant estoit attétiue à toutes ſes actiõs, tenoiét ſa contenance en regle & ſeruoyét d'vn rude mais ſalutaire frein à ſes deſirs. Et cõme les Cheuaux qui ont le mords dans la bouche maſchent difficillement les herbes & les aualent ſans les fauourer, les cõtentemens qui ſe moiſſonnent dans les compagnies ne faiſoyent que paſſer deuant les yeux de cette fille comme des ſonges ou des illuſions fantaſtiques; d'autant que, ne luy eſtant pas permis de s'arreſter & beaucoup moins de s'attacher aux objects qui s'y preſentoyét, elle ne les voyoit que

que comme l'on regarde des Tableaux & des Peintures. Mais maintenant qu'elle est Maistresse de soy-mesme, Regente absoluë de ses volontez & de toute sa famille, & dans la liberté que luy dóne le vefuage d'aller & de venir où il luy plaist, & de plus en vn âge d'autant plus capable de discernemét qu'il est plus iudicieux; c'est en cet estat que celuy qui tente luy dresse des embusches pour troubler en elle cette Paix de Dieu qui passe tout sentiment & toute intelligéce. Certes l'Apostre a dict ex-

cellemment, que la vefue qui vit en delices est morte en viuant ; parce-qu'estant au milieu des tentations & des amorces du peché, c'est vn plus grand miracle si elle n'y succombe que celuy qui fit marcher les trois enfans au milieu des flámes de la fournaise de Babilonne sans en estre offencez, que si elle se perd dans les delices, qui ne voit que quant au corps elle sera viuante, mais morte quát a l'ame. Estre vefue & se plaire a estre muguettée, cajollée adorée, caressée, se treuuer aux assemblées, aux bals, aux
dan-

danses, aux festins, aux conuersations, aux nopces, vouloir estre parée, attifée, parfumée, mignardement vestuë, & parmy tout cela penser garder la viduité en sa perfectiō; c'est vouloir comme Israël passer au milieu de la Mer à pied sec & estre dás les eaux sans se moüiller. La voix de la Torterelle a esté ouye en nostre terre. Le téps d'esmonder & tailler la vigne est venu, dict le Sacré Cantique, quand la viduité, dót cet oiseau est le Symbole, est arriuée, & qu'vne vefue veult demeurer vrayement vefue sans pretendre à de secondes nopces, il faut qu'elle se dessaisisse de tant de superfluitez qui comme des pompes inutiles ne seruent de rien au tronc de sa resolution, & qu'elle se retranche de toutes ces mondainetez qui ne peuuent estre permises qu'aux filles qui pretendent au mariage. Nostre Cecile n'en fit pas ainsi, aussi se trouua t'elle prise aux pieges où donnent les incósiderées, & puis qui plaindra l'enchâteur quand on le verra mordre par le Serpent. Certes qui aime & qui cherche le danger,

ger, y perira. Nous aurions a souhaitter, pour le bien de la maison de Stace, de pouuoir dire de sa vefue ce que chantoit d'vne autre nostre Homere François.

Sa chere espouse atteinte de soucy
Apres sa mort est demeurée ainsi
Qu'ō voit au bois la vefue Tourterelle,
Ayant perdu sa compagne fidelle,
Iamais vne autre elle ne veut choisir:
Car par sa mort est mort tout son desir,
Ny pré ny bois son regret ne console,
Et d'arbre en arbre au point du iour
ne vole:
Ains se cachant dedans les lieux se-
crets
Seulette aux vents raconte ses regrets,
Se paist de sable, & sans amy se brasche
En souspirant sur vne seiche brance.

Mais

Mais bien esloignée de ce train-la elle se jette dans la vanité & la despence, & sous pretexte devenir à Paris pour donner ordre à ses affaires elle les met en desordre, & se jette dans le Monde si auant qu'elle s'y perdra. Le Monde est ce torrent de Profete qui ne se peut gayer, il est plein d'eaux sous lesquelles gemissent les Geants : ie veux dire que les plus grands & dont les richesses paroissent immenses y sont bien souuent les plus incommodez, n'y ayant aucun fonds qui puisse suffire au luxe & au desregle-

glement de Siecle. Son fils Seruat, qui estoit encore bien ieune fut mis au College, & eust elle volontier fait esleuer sa fille qui estoit plus aagée hors d'aupres d'elle: parce-que sa grandeur luy sembloit reprocher ses années, & la vieillesse à tousiours vne secrette reproche de laideur: deffaut insupportable aux femmes qui se regardent. La bien-seance neantmoins l'obligea de la retenir aupres d'elle, pour n'acquerir la reputation de Mere farouche, & de mauuais naturel. Quelques années s'escoulerent en
cette

cette vie en laquelle elle ressembloit au ver à soye, qui se file vne prison se pensant bastir vne demeure. Les champs ne luy sont plus rié, leur mesnage luy est à contrecœur & ne luy semble propre qu'aux Rustiques ; elle croit mesme (tant on se flatte en ce que l'on desire) espargner beaucoup de demeurer à Paris, qui est vn gouffre plus grand que ce Romain qui engloutissoit toutes les richesses que l'on y jettoit sans se fermer: & semblable à la Mer qui ne s'enfle point pour tant de fleuues qui s'y deschargent.

Les

Les Nauires qui sõt sur l'Occean cinglent auec d'autant plus de vitesse que leurs voiles sont plus grãdes & qu'elles reçoiuent d'auantage de vent; Les vefues au contraire ont d'autant plus de vanité que leurs voiles sont moindres, & courent auec tãt plus de legereté dans les conuersations qu'elles ont moins de marques de leur vefuage. Celle dont nous parlons, ayãt fait essay dans le mariage des moyens de plaire aux hommes, s'accommodoit auec tãt d'artifice qu'elle changeoit son petit dueil en vne façon de s'ageácer si éueillée, que vous eussiez dit que les couleurs brunes dõt elle se vestoit nõ l'enuironnoyent que pour faire paroistre auec plus d'auantage ce qu'elle auoit de frescheur en son tein. Elle n'estoit plus en c'est âge fleurissant qui rend la jeunesse si agreable, aussi n'estoit-elle pas dans celuy qui sillonne le front & qui réd effacées & flestries toutes les fleurs d'vn visage. Elle n'estoit plus ce qu'elle auoit esté, mais encore estoit elle ce que beaucoup d'autres n'estoyent pas à son âge, que l'on n'eust iamais

mais creu a la voir estre auancée, tant elle sçauoit soigneusement se conseruer. Si elle eust pû quitter cette sotte humeur de sembler belle, pour prendre la qualité de bonne, nous auions autant de suject de priser sa Vertu que nous en auons de priser son Incóstance. Que l'enseigne d'Adonis ou de l'Amour soit faitte d'aigrettes blāches ou noires il n'importe; ceux que leur inclination à cette passion rend sçauans aux ruses qui s'y pratiquent, deuinent soudain aux façons exterieures des desseins que celles qui
se

se parent couuent dans leurs cœurs; le feu ne se peut si bié cacher qu'il n'é paroisse toujours quelque estincelle. Le maintien les habits & les discours de Cecile firent cognoistre l'oiseau à sa plume & a son ramage, & seruirent de reclam pour amasser autour d'elle beaucoup de gens plus amorcez de la beauté de ses richesses que des tresors de la beauté de son corps. Il y a tant de muguets, (principalement dans Paris) qui vrais escoliers de Bias portent sur eux tout leur vaillant, & qui mettans toute leur fortune en en leur bonne mine vōt cinglans dans le vaisseau des Argonautes à la conqueste de la toison d'or. Non seulemēt ils font la guerre à l'œil, mais ils la font aux yeux, & auec les yeux estans sans cesse à la picorée de quelques nouuelles affections & à la chasse a l'espere. Les filles, qui sont sans la subjectiō de leurs parés, sont pour eux vne proye biē difficile a conquerir: parce qu'estant soigneusement veilleés,& de plus leur fortune estant en la main de ceux de qui elles dependent, elles ne peuuent comme elles ne doi-

doiuent attacher leurs inclinations qu'aux objects qu'ō leur permet d'aimer pour vne legitime pretenſion. Et affin qu'on ne prenne point ces lignes au criminel, j'ay beſoin de dire ce mot; que ie ne parle ici que de ceux qui font leurs recherches pour ſe mettre a l'abri de la neceſſité ſous le ſacré manteau d'Hymen: car quát aux autres qui n'ont point cette fin honnorable pour but de leurs deſſeins, i'eſtime leurs pratiques indignes que l'on en parle, ſi ce n'eſt pour les deteſter, & ie croy que quand le torrent d'vne d'vne narration m'a porté dans les escueils de ces mauuaises accointances, ç'a tousjours esté auec vne telle manifestation du vice, que ie n'ay laissé aucune doute que ma plume ne fust tout à faict partisane pour la vertu. Mais le vray gibier de ceux dont ie parle, qui se balançent ça & la sur les vagues du Monde pour se coller à vn rocher où ils puissent estre à repos & asseurez contre la tempeste de la pauureté, gresle extremement impiteuse, ce sont les vefues. Car estans en la main de leur conseil, & le cõseil

seil des femmes sur tout en leur propre faict estant fort subject au change, quelque protestation qu'elles facent de ne vouloir point entendre à de secondes nopces, il est aisé de leur faire perdre cette resolution si elles prestent leurs oreilles à la cajollerie. Parce qu'vne féme qui parle est comme vne ville qui parleméte, laquelle on tient soudain pour estre en dispositió de se rendre. Plusieurs sur cette pensée entreprindrent de seruir Cecile, & se hazarderent de luy offrir leurs vœux; mais elle superbe & insoléte,
&

& qui s'esleuoit plus que ceux qui se soumettoyent, se rioit de leurs poursuittes, & autát aise de leur seruitude que jalouse de conseruer son Empire & sa liberté, ne les payoit que de mespris ; qui neantmoins estoyét mesnagez auec tant de grace, qu'au fóds de la liette de cette artificieuse Pandore il y auoit tousjours quelque rayon d'esperance. On dit, qu'Appollon se plaignoit autresfois au cósistoire des Dieux, de ce que certains Sacrificateurs prenoyent de l'encens sur son Autel pour le faire fumer sur

C c

celuy d'Hercule, mais il auroit beaucoup plus de subject de former vne cõplainte contre les Poëtes qui arrachent tous les jours les lauriers qui couronnent sa teste pour les cõsacrer à l'Amour; car vous diriez que la Poësie ne rit qu'ẽ ce subject, & quelle ne soit faitte que pour le seruice de cette passion; les vns de leur Genie, les autres par celuy de leurs amis r'emplissoyent le monde de vers qui eslançoyent iusques aux estoiles les hõneurs de la belle vefue. Mais comme sa responce ordinaire estoit, que
celuy

ALOPH.

celuy qui le premier auoit eu son Amour en gardoit encor le feu sous sa cendre ; & que le souuenir de son Mari mort luy estoit plus cher que les seruices de tous les viuans. Vn Poëte fit pour elle cette responce au ramage de tant de diuers oyseaux.

STANCES

SVR VNE CON-STANTE VIDVITÉ.

Esprits dont les appas me r'appel-
    lent au monde,
A qui i'ay renoncé & à tous ses plai-
    sirs,

ALOPH.

Vous ne verrez jamais d'vne flame seconde
R'allumer mon ardeur au feu de vos souspirs.
Si ie fus quelquefois du feu d'Amour atteinte,
La flesche en fut si belle & l'archer si parfaict,
Qu'ausi-tost que la Parque en eut la cause esteinte
Ie fis priere aux Cieux d'en esteindre l'effect.
Nos desirs enlacez dans vn mesme cordage,
Nos esprits allumez d'vn celeste flambeau,
Et nos chastes Amours ne firent qu'vn voyage,
Renfermez par la mort dans vn mesme tombeau.
De la mort de mon bien renaist vostre esperance:
Mais

Mais ce naistre pour elle est vn mou-
rir pour vous.
Car ie ne puis aimer l'espoir, qui prend
naissance
De la perte d'vn bien, dont l'heur me
fust si doux.
Vous aimez ie le croy, mais vòstre
Amour extreme
Regarde plus à soy qu'a mon conten-
tement.
Vous faschez mon vouloir pour l'a-
mour de vous mesme,
Et pour vous contenter me donnez du
tourment.
Certes vous n'estes point desireux
de vostre aise,
Vous estes poursuiuans de vostre de-
plaisir:
Car vous n'aurez iamais parole qui
vous plaise,
Ny d'effect qui ne soit contre vostre
desir

Cc 3

ALOPH.

*Ne parlons plus d'Amour ie n'en
suis plus capable,
I'ay perdu le subiect propre à le receuoir,
Il a suiuy l'objet qui seul m'estoit ai-
mable,
I'ay perdu l'vn & l'autre, & n'en
veux plus auoir.*

Las! Poëte vous ne parlez que selon les apparéces: mais si par la fenestre, que desiroit Momus en la poictrine de l'homme, vous pouuiez voir les pensées du cœur de cette dissimulée, vous feriez bien tost vne Palinodie & chanteriez sur vn contraire ton. En ce monde il y a des choses

ses que l'on dict, & des choses que l'on fait: tous ne cheminent pas par des voyes droittes: chascun veut imiter le Soleil, qui marche en son cours par la voye oblique du Zodiaque: on ne va que de biais: peu vont de l'Occident du vice à l'Orient dela vertu: plusieurs de l'Orient de la vertu se panchent vers l'Occident du vice : & beaucoup sont dans le mouuement de trepidation, qui est biaisé entre l'vn & l'autre; gens qui tõbent & puis se releuent, qui n'ont ny le froid glacial du peché ny la chaleur de la charité, mais tiedes & incertains en leur determination. Tel estoit l'estat où se trouuoit alors ceste vefue, dont nous parlons: car, bien qu'elle fust separée des hommes quant à la volupté du corps, elle ne l'estoit pas quant à la volonté du cœur ; & il sembloit que, voguant ainsi sur la Mer de ce grand monde, elle ne cherchast parmy les compagnies qu'vn escueil pour y faire vn second naufrage. Certes si par les effects on peut iuger des causes, & remonter à la source par le ruisseau, nous pourrons voir par

par ce qui s'enfuiuit, que cette coniecture n'eſt point vaine: parceque, apres auoir eſté retenuë en veſuage pluſieurs années par des conſideratiõs mondaines & terreſtres, pluſtoſt que diuines & ſpirituelles, il ne faut pas s'eſtonner ſi elles furent trop foibles pour la retenir en cette condition dont S. Hierome appelle la continence laborieuſe & penible; d'autant que les veſues ſont combattues par les penſées des plaiſirs legitimes, qu'elles ont honnorablemét experimentez en leur mariage paſſé, qui les preſſent à vn nouueau auec beaucoup plus de vehemence que les vierges, lesquelles ignorent ce qu'elles desirent: Le desir de laisser ses enfans riches, & de dissiper point leur substance (qui venoit principalement de son chef) par la communicatiō qu'il en faudroit faire à ceux qui viédroyét d'vn second lict, la tint assez long temps en eschec: mais en fin, la peau estant plus voisine que la chemise, son propre plaisir luy sembla plus considerable que la commodité d'autruy; c'est pourquoy c'est obstable ne luy sembloit pas

assez

assez fort pour l'empescher de se porter à ce qui luy seroit plus agreable. Mais cette liberté absoluë de la viduité luy sembloit si precieuse, qu'elle eust de la peine à penser à des liens & à la sujection à laquelle. les nopces obligent vne femme: toutesfois elle commença à regarder ces liés, comme s'ils eussét esté d'or & de soye, ou plustost comme des chaisnes de perles & de pierreries, non comme des entraues ou des fers. Ce joug luy parut doux & suaue, & puis la subtilité de son esprit luy fit en se flattât

r'encontrer vn moyen de conseruer son Empire, & d'estre tousiours la Maistresse en prenant vn Mari dont la fortune soumise à la sienne dependist d'elle & fust entierement à sa donation. Pauure abusée, qui n'auise pas qu'il n'est rien de moins supportable qu'vn pauure qui paruiét aux richesses, ny de plus insolent que celuy qui d'vne condition basse & rauallée se voit esleué en hóneur. Vne autre consideration suspendit encor sõ esprit, ce fut celle-cy: mais que dira le monde? mais en fin que dira-il?
pen-

pensoit elle en soy-mesme. Suis ie la premiere vefue qui me suis remariée? à qui fais-ie tort? a mes enfans ? ils dependent de moy, & puis l'ordre de la charité ne veut-il pas que ie prefere ma satisfactió à leur contentement ? mon bien n'est-il pas a moy, mon corps encore plus ? A ma reputation nullement; ou bien il faudroit blasmer vn Sacrement qui est appellé honnorable en toutes ses circonstáces. Que dira donc le monde sinon des sottises? & pour vn vain babil, vn leger murmure, ie passeray le reste de mes
iours

jours en vn lict desert, en vne triste solitude; ou comme vn roseau agitée de diuers vents ie paroistray verdoyáre, mais creuse & vuide de tout contentement. De ces discours elle alloit attisant ce feu secret qui se paissoit de ses moüelles, & peu à peu changeant sa premiere determination en vn desir de passer en de seconds embrassemés. Les objets ne luy manquoyét pas en ce grand Theatre, & de tant de poursuiuans elle n'auoit qu'a arrester ses yeux sur celuy qui luy sembleroit le plus aggreable, & ensemble

ble le plus propre pour establir en luy la conseruatiõ de son Empire, affin qu'il ne fust Mari qu'en apparence : mais Seruiteur en effect. Il n'estoit question que de treuuer vn subject qui seruist de pretexte à son dessein, affin qu'elle semblast se jetter aux secondes nopces sous quelque image de necessité ou de contrainte. C'est icy où l'esprit des femmes est vne source inespuisable d'inuétiõs, pour vne raisõ qui justifiast sa volonté elle en eust fourny mille. Aux moindres desplaisirs, que luy faisoit Flauie sa fille, le, elle se despitoit demesurément, & la menaçoit, non pas de la marier, (car ce luy eust esté plustost vne faueur qu'vne menace) mais de se marier elle mesme pour auoir des enfans plus obeissans. A vostre auis ne voila pas vn gentil pretexte, il est neantmoins des plus communs, & celuy de tous que les vefues qui peuuent pretendre aux nopces mettét plus ordinairement en auant. En voicy d'vne autre couuée. Aussi tost qu'elle auoit quelque proces ou la moindre affaire qui meritast de la sollicitation, ce n'en'estoyent que plaintes de l'estat miserable des vefues, attacquées de toutes parts sans auoir aucun soustien, sans aucune protection. Que si la femme a esté donnée pour aide domestique à l'hõme, beaucoup plus a besoin vne femme du support d'vn homme pour les negociatiõs d'importance, que la vefue estant vn but où se descochent tous les traicts des malings si elle n'a vn bouclier qui les pare & qui l'en deffende, sa conditiõ est deplorable. Que ce n'estoit pas le propre des femmes de solliciter

citer des proces, qu'en c'eſt accoublement d'affaires tout le monde la pilloit, & nul ne la ſoulageoit ou deffendoit. Qu'au lieu de conſeruer ſon bien à ſes enfans elle les ruinoit, elle empliſſoit l'air de ſemblables plaintes qui toutes aboutiſſoyét à cete cócluſió, qu'elle deſiroit que quelqu'vn tinſt pour elle en luy conſeillát ce qu'elle deſiroit elle ſe flatte iuſques à ce poít de ſe perſuader, que prenant vn ſecond Mari, tant s'é fault qu'elle prejudiciaſt a ſes enfans, qu'au contraire c'eſtoit le meilleur meſnage qu'elle pouuoit faire pour leur conseruer ce qu'elle auoit de bié. Voila comme elle se pipoit elle mesme. Il est mal-aisé qu'vn Escolier ne fasse quelquesfois des siennes. L'aage & la condition semblét cincliner à la licence. Aux plus petites escapades de Seruat, qu'on luy r'apportoit, aussi-tost elle protestoit de se marier: côme si elle mesme faisant vne faute elle eust voulu corriger celles de son fils. La poule qui voit l'oyseau de proye tournoyant en l'air pour fondre sur ses poussins, les r'appelle auprès delle & les r'amasse sous ses aisles. Cette Mere icy est bié esloignée de ceste procedure; car voyant voltiger autour d'elle beaucoup d'oiseaux, qui n'aspiroyét qu'a la proye de son bien, elle escarte ses enfans de l'affectió de son cœur pour y appeller ceux qui ne cherchent en elle que leur propre auancement & commodité. On dit, qu'en l'homme & en la féme il faut qu'vne fois en la vie la folie sorte de leur teste, soit par la fenestre ou par la porte. Elle sort par la porte, c'est a dire, par l'issuë ordinaire quand on faict des sottises en la jeunesse : mais quand on les commet

met en la vieillesse, âge meur & qui doit estre accompagné de prudence, alors c'est par la fenestre que l'ineptie se met dehors. Cette femme ici, qui auoit des ses plus tendres ans conduit vn train de vie si regié, faict en fin paroistre qu'elle est femme en vn temps qui la rend moins excusable, & qui la fera moins plaindre dans les malheurs qui l'accueilliront, puisqu'elle mesme s'y precipite. Pour ne faire point vne impertinence à moitié, elle choisit auec les yeux de l'Amour qui sont bandez, dirai-ie pour

pour Mari ou pour esclaue, vn Cadet de Prouence dont l'Aisné n'estoit pas trop riche c'est a dire, qui auoit vn peu moins que rien, si vous ne mettez comme elle à vn prix inestimable vn poil blond, vn teinct delicat, des beaux yeux, & vne moustache biē releuée, car voila tout le vaillāt du Polerin. Il approchoit les trente ans, & nostre vefue les cinquante. Si les bons mariages se font entre esgaux, quels auspices peuuent faire vn bon augure de cettuy-cy. Aloph (c'est le nom de ce Gentil-hóme (estoit lors a la Cour

ALOPH. 71

Cour à la suitte d'vn Prince cherchant fortune dans Paris, comme font beaucoup d'autres qui pourſuiuent ſon ombre ſans l'attraper. Il treuua noſtre Bohemienne, qui luy touchant la main luy dit ſa bonne auanture, en luy donnant eſperance qu'il l'eſpouſeroit. Elle ne ſçeut ſi lõg temps diſſimuler ſon inclination, ny ce jeune Amant cacher ſi accortement la faueur qu'il ſe promettoit de la bien-vveillance de Cecile, que Flauie ne s'é apperçeuſt, qui en auertit auſſi-toſt ſon frere Seruat, affin d'empeſcher

cher par l'entremife de leurs parens que ce feu ne fe rendift plus fort & ne peruinft à l'embrafement de leur fortune. Vn des proches parens de Stace, efmeu de l'intereft de ces pupils, s'effaya mais en vain de deftourner cefte tépefte, parce que Cecile auoit def-ja logé fi auant Aloph dans fon efprit, qu'il n'y auoit plus de moyen de donner congé à ce nouuel hofte qui s'eftoit emparé de fes affections. Elle fçachant que c'et auis luy auoit efté donné par fes enfans, contrefaifant la depitée contre eux, & voulát que

que l'on attribuast à la passion de la vengeance ce qui prouenoit d'vne autre plus delicatte, sa resolution de se marier commença à eclatter en menaces contre leur innocence,& pour battre ce fer tandis qu'il paroissoit embrasé de colere elle achemina son Mariage auec Aloph. Son fils fut r'enfermé dans le fonds d'vn College,& parceque sa fille luy estoit vne paille en l'œil,& à son auis esclairoit de trop pres l'acces & les priuautez qu'elle auoit auec son Aloph, elle l'enuoya à Rosincourt, (appellant ainsi le Chasteau de Stace.) Flauie estant escartée, ce fut à camp ouuert qu'Aloph fit sa recherche se portant tout ouuertement pour le Cheualier de Cicile. Les Princes ne sont iamais chiches le leurs faueurs à ceux qui les suiuent, parceque la marchádise des paroles estant à bon marché ils en recompensant facilement leurs creatures. Aloph, ayant prié celuy qui estoit son Maistre de le fauoriser de son auctorité, & de quelque tesmoignage de bié vueillance en cette recherche, fit en sorce que ce Prince ce vit Cecile, à laquelle apres auoir loüé la vertu, la noblesse & la fidelité de ce Gentilhomme, & tesmoigné l'estat qu'il en faisoit auec les ordinaires complimens & protestations de l'auancer de tout son pouuoir, de luy procurer quelque pension du Roy, & de prendre soin de sa fortune, & de participer à l'obligation qu'il luy auroit si elle le choisissoit pour Mari. Cette féme vaine, qui auoit desja meilleur opinion d'Aloph que ce Prince ne luy en pouuoit donner, & prenant ces discours (si familiers en la bouche des Grands, & qu'ils employent en toute sorte d'occurrences) pour vne parculiere inclinatió qu'il auoit a fauoriser ce Gentil-hóme, luy repartit comme vne féme qui ne cherchoit qu'vn pretexte honnorable pour faire vn voile a sa passió, mais ce voile estoit si délié qu'au trauers il estoit aisé de remarquer le vray mouuement de son ame. I'ay ouï faire ce cóte à Luperque Seigneur de qualité & proche parent de Stace, qui sçachant que ces nopces de Cecile & d'Aloph estoyét fort acheminées alla voir

voir cette féme pour tafcher de la diuertir de cette alliáce, de l'inegalité de laquelle il voyoit que chafqu'vn faifoit des rifées. Auffi-toft cette bône Dame luy jetta aux oreilles le nom de ce Prince, qui me preffe fi fort, difoit-elle, d'entendre à ce Mariage, que ie ne puis plus refifter à fon auctorité. Ce Gentil-homme eft fon fauori, il promet de faire merueilles pour mon fouftien & fon auancement, il m'en a parlé auec autant d'ardeur que s'il euft efté fon parent, & en des termes fi aduantageux pour Aloph & fi obligeant pour moy, qu'il faut que j'acquiesce à leurs desirs quand ce ne seroit que pour acquerir à mes enfans la protection de ce Prince, qui ne m'est pas seulement vtile mais necessaire à cause des termes & du grand credit qu'il à en la Prouince ou sont les biens de feu mon Mari. Luperque qui estoit vn fin Courtisan, & vn esprit extremement accort, se mit a rire de cette excuse, & luy dit ; ma chere Cousine il y a bien vn autre Prince que celuy-ci qui presse vostre cœur; c'est l'Amour, ce grand maistre

stre des Dieux & des hommes, ne faittes pas la fine à plus fin que vous, ce n'est pas à moy qu'il faut donner de telles paroles. Si l'affection de vos enfans n'a point le pouuoir de vous retenir en vefuage, beaucoup moins l'aura la persuasion d'vn parent, parlez-moy franchement, estes vous resoluë à espouser Aloph, vne simple cõfessiõ vous excusera plus enuers moy que toutes ces souplesses qui sont pour moy des toilles d'araignées. Ie ne suis pas venu si auant en l'aage que ie ne sçache la force de cette paſſion qui faict aimer, i'en ay reſſenti toutes les fureurs & toutes les rages que les Poëtes luy attribuent, il n'y a perſonne qui ne cede à cette violence, toute-autre impulſion me ſemble foible aupres de celle-cy, qui ſe réd d'autant plus forte & moins euitable quand elle eſt fondée ſur la Iuſtice & l'honneſteté. Ce fut icy que Cecile ſe rendit, car ſentant flatter ſon mal par vne ſi douce main, comme ſi l'on euſt paſſé de l'huyle de baume auec du coton ſur vne apoſteme, celuy qu'elle auoit dás le cœur creua,

creua, par vn franc aueu que l'Amour qu'elle auoit pour Aloph l'auoit rendue aueugle à toutes les autres considerations. Alors Luperque, faisant semblant de fauoriser sa passion & loüant ce Gentil-homme, tascha subtilement de luy faire tomber la taye qui l'aueugloit, en luy representant le tort qu'elle faisoit à ses enfans, a la memoire d'vn Mari qu'elle auoit tant aimé & qui l'auoit tant obligée, luy r'apportant les mocqueries du monde dont elle se rendroit la fable, la subjection où elle s'alloit

reduire deuenant de libre esclaue, & mettant son bien en proye & au pillage d'vn jeune Mari qui la mespriseroit dans peu de temps, & qui ne pensant qu'a la despence la reduiroit aussi-tost à la disette : & plusieurs autres considerations, dont il se pût auiser pour rendre ce bon office aux pupils de diuertir leur Mere de cette entreprise qui leur estoit si ruineuse. A tout cela Cecile respondit qu'elle y auoit bien pensé, mais que son contentement luy estoit plus cher que toutes ces raisons qui n'estoyét qu'autour
d'el-

d'elle, mais sa satisfaction en elle; qu'il n'estoit plus temps de se retenir quand on estoit en la péte, que le dé en estoit ietté. Luperque homme rusé & qui entédoit à demi mot, prit aussi-tost de la main gauche l'ambiguité de ceste responſe, & prenant le tout au criminel repliqua, que le mariage estoit le meilleur moyé & le plus hóneste pour guerir vn Amour, & qu'en terme de Iustice il failloit necessairement respondre à vn appel quand il estoit anticipé. A ce mot le sang monta au visage de Cecile, laquelle

voyant que son Parent auoit donné à ses propos vn sens, auquel elle n'auoit pas pensé & fort contraire a l'honneur dont elle auoit tousiours esté fort jalouse, & fait vne profession fort exacte comme celle qui eust mieux aimé perdre mille vies que d'en r'abbatre vn seul point. Mon Cousin, repartit elle, ie voy bien que vous prenez mes paroles d'vne mauuaise façon, mais si l'intelligence appartient à celuy qui les profere, ie vous supplie de croire, que si ie suis femme a me laisser prendre à vn Mari, ie
ne

ne la suis pas a me laisser surprendre à vn homme; Aloph ne se peut vanter d'auoir de moy autre chose qu'vne parole qui luy a engagé ma volonté, c'et par la que ie me sens obligée de l'espouser, nõ pour aucune faueur qu'il ait euë de moy prejudiciable à l'honnesteté. Elle dit cecy d'vn ton de voix haute & aspre, & qui appelloit la colere à sa suitte si le propos en eust esté suiui, mais Luperque qui auoit vne ame fine, & que l'on pouuoit appeller vne lame au vieux Loup, se repliât iusques aux gardes, & tournant

nant ce qu'il auoit dit en joyeuseté, luy tesmoigna qu'il auoit aussi bonne opinion de son honnesteté que mauuaise de son iugement, auquel il ne pardonnoit qu'a l'occasion de son Amour qui luy en estoit le libre vsage. De la, voyant que c'estoit du temps perdu que celuy qu'il employeroit a vouloir plier vne volonté determinée, il commença a luy parler à l'auantage de sa passion & de son Amour, loüant la fidelité de l'vn, & la galanterie & le merite de l'autre: alors ils furent amis, car côme l'eau esteint
le

le feu, la parole gracieuse rompt le coup de la colere. Entre les qualitez aimables, par lesquelles Aloph s'estoit rendu recommádable à Cecile, elle aduoüe à Luperque qu'elle auoit esté prise par la douceur & la beauté de ses yeux: & cettuy-cy luy disant par maniere de jeu, que ces petites prunes (il entédoit les pruneles(luy cousteroiét plus ch-- que celles de Gennes, & qu'elle se repentiroit à loisir de ce qu'elle vouloit assez legerement. Elle luy repliquoit ordinairemét, mais ses yeux? mais comme pourois-ie me de-

destourner de ses yeux? en euiter la rencontre & le reproche? mais de qu'elle façó me pourrois-ie arracher du cœur les traicts de ses yeux? Voz yeux, repliquoit Luperque, feront vn iour la penitence par eau des pointes du feu que ceux la ont laueé en voſtre ame. A cela Cecile, que me peut il arriuer de pis que la mort? & si ie meurs pour ses yeux, le mourir ne me pourra eſtre qu'agreable. Voila tout ce qu'en pût tirer Luperque. La paſsion de Cecile, qui alloit à grand pas au mariage, n'eſtoit pas de cel-

celles qui se pûssent celer. Quoy! elle en vint iusqu'a tel point de souspirer deuant vn Poëte pour les yeux d'Aloph, sur quoy il fit incontinent cette rime.

STANCES.

Ie n'aime que c'est œil, cher flambeau de mon ame
  Qui m'esclaire tousiours.
Dans l'agreable ardeur d'vne si sainte flamme
  Ie veux finir mes iours.
C'est œil est des plus vifs la gloire & le theatre,
  Qui a veu sa clairté
Il faut tout aussi-tost qu'il en soit idolastre

Ou qu'il soit hebeté.
Certes il est en moy obeï comme vn Prince,
  Son vouloir c'est ma loy,
Ses armes mes desirs, mon cœur est sa Prouince,
  Et sa garde ma foy.
Sous son auctorité ie sens la violence
  Des tourmens inhumains,
Ie languis pres de luy, ie meurs en son absence,
  Quand i'espere ie crains.
L'estincelant rayon de sa brillante veuë
  Rend le cœur vif & mort.
Comme il blesse il guerit, comme il faict viure il tue,
  Comme il frappe il endort.
C'est luy qui a tousiours mes yeux en sentinelle
  Ialoux de sa clairté.
I'aimerois mieux dormir vne nuict eternelle   Que

Que s'il m'estoit osté.
Mon œil en le voyant voit toutes les delices
Des esprits plus heureux.
I'y lis mes passions, mes graces, mes supplices
En des lettres de feux.
Astre que ie cheris, comme celuy de Iule,
Tu es tout mon desir.
Mon cœur comme vn tison pleure au feu qui le brusle,
Mais pleure de plaisir.

En fin sous les loix d'Hymen Cecile vint en la possession de son beau Medor, & les plus cheres faueurs furent exposées au pillage d'Aloph & aux fureurs de sa jeunesse.
Si

Si la fin euſt eu quelque rapport à c'et heureux commécement, nous ne ſerions pas en peine de treuuer des paroles aſſez pitoyables pour plaindre le tragique ſucces de ces nopces. A peine le Soleil auoit il viſité les douze maiſons de cette eſcharpe du Ciel (que l'on appelle Zodiaque) lors que Cecile commença à connoiſtre qu'elle n'auoit pas encore paſſé le temps d'eſtre Mere; Ce fruict de Lucine qu'elle ſentit mouuoir en ſes entrailles mit la reſte d'Aloph dans les eſtoiles, car ce fut vn clou mis pour

pour luy à la roüe de la fortune, luy estant auis que par c'est enfant il deuoit arracher tous les biens de sa femme. Iusques là il s'estoit contenu dans les respects & les adorations, mais se voyant Pere son courage s'enfla, & il commença a trancher du maistre : mesmement quand il se vit Pere d'vn beau fils, de qui l'Orient commença a effacer dans le cœur de Cecile les astres nez sous le ciel de son premier lict. C'est enfant qu'Aloph fit par complaisance appeller Cecilian du nom de sa Mere estoit tellement

ment les delices de celle-cy & le cœur de celuy la, que l'vn & l'autre n'auoyent pas assez de deux yeux pour le considerer. Comme le nom d'Aloph auoit effacé celuy de Stace de la memoire de Cecile, aussi la preséce du petit Cecilian eut bien tost escarté de son affection l'Amour qu'elle auoit pour Seruat & pour Flauie. Celle-cy languissoit à Rosincourt & deuenoit toute sauuage dans ce sejour qui ne luy faisoit voir que des Rustiques, l'autre dans le fonds d'vn College estoit parmy les obscuritez

tez entre les morts du fiecle ;
pareil à ceux qui dorment
dans les fepulcres, defquels
on ne fe fouuient plus. Cecile ne penfoit qu'a careffer tá-
toft fon Medor, tantoft fon
nouueau poupon, toutes ces
inclinations panchent de ce
cofté-là, elle ne fonge ny a retirer fon premier fils du College (encore qu'il fuft fur la
fin de fes eftudes) ny a marier
fa fille bien que fon âge de-
mandaft vn mur ou vn Ma-
ri. Certes il faut auoüer que
les femmes tiennent vn peu
du naturel des animaux, qui
ne cheriffent leurs petits que
tant

tant qu'ils leur pendent aux mammelles. Aloph qui ne penſoit qu'a auancer ſes affaires au prejudice des enfans du premier lict, ſçachant que le profit de l'vn eſt le dōmage de l'autre, perſuada aiſement à ſa femme (les faiſant eſperer qu'elle eſtoit capable d'vne plus ample lignée) de deſtiner a l'Egliſe ſes deux premiers enfans ; les raiſons pour luy rendre ceſte perfection plauſible ne luy manquoit point. Cecile a preſque tout le bien de ſon Premier Mari, qui luy appartient parce qu'ayant eſté deſgagé par ſon

son mariage il luy est demeuré engagé & hippoteque, s'il luy plaist de gratifier Cecilian de sa succession, la part des autres sera si petite qu'ils n'auront pas dans le monde dequoy soustenir la condition de leur naissance, & ainsi ils se pourront plus aisement porter au seruice des autels. Cette mere aueuglée de l'Amour presente de ce Parastre & de l'affection pressante de son dernier fils embrassa bien tost cette resolution. Mais encor est elle Mere, & bien qu'elle desirast que ces deux enfans prissent

E e

ce dessein, elle ne les y vouloit point forcer sçachant qu'elle ne deuoit point pretendre sur leurs volontez, que Dieu auoit crées libres, plus grande puissance que celle que Dieu s'estoit reseruée. Aussitost Aloph en met les eaux feu & se promet à l'aide du Prince son Maistre, qui le repaist de belles esperances, de faire tomber quelque bon benefice sur les espaules de Seruar. Quant à Flauie il ne la juge point malaisée a reduire en vn Cloistre, son humeur estant assez simple & timide, joinct

qu'aqu'ayant presque tousiours esté nourrie aux champs, & ayant gousté fut peu de la friandise des conuersations de la ville, elle ne deuoit pas estre beaucoup attachée au monde. Neantmoins il y treuua plus de resistáce qu'il ne croit, parce qu'estant arriuée à vn âge nubile sous l'esperance d'estre mariée, elle n'estoit plus au temps de luy proposer vn Cloistre, veu mesme que n'ayant pas frequenté des personnes de deuotion elle ne consideroit ces lieux sacrez que comme des prisons, & plustost pour des lieux de fupplices que pour des fejours pleins de fainctes & fpirituelles delices. Elle euft demeuré vn Siecle à Rofincourt deuant que cette enuie luy en fut venuë. Pour ce fubject Aloph la faict venir à Paris auprès de la Mere, la faifant prefcher tous les jours par diuerfes gens, qu'il attitroit pour cela, les felicitez de la vie religieufe & les vanitez du Monde, mais la veuë de Paris en deftruifoit plus en vn moment, que ces beaux faifeurs de remonftrances n'en pouuoyent edifier en plufieurs sieurs iours dans son esprit. Et certes ces Vocations ne prouiennent ny des raisons de la chair & du sang, ny des persuasions des hômes: mais de Dieu seul, qui touchant les cœurs de son aiman celeste attire par son Sainct Esprit au desert de la Penitence pour y gouster la manne des consolations interieures apres la fuitte de l'Ægypte du Siecle. En ce fait icy toute autre procedure est plustost vne ruine qu'vne fabrique, & rien de ferme ne peut subsister qui n'a ces fondemens la.

Car si le Tout-puissant n'establit la maison,
L'homme en vain trauaillant se peine sans raison.

Aloph voyát que ses plus subtilet machines ne pouuoyent entamer ce cœur, presse sa femme de la traitter si mal que cet absinthe luy face trouuer amer le miel du Monde, & au contraire luy conuertisse en sucre les austeritez de la Religion. Cecile au commencement faisoit scrupule de porter sa fille à cette vacation par vne' inuention si tirannique, & de la la contraindre a vne condition de vie qui ne peut iamais reüssir a bien si elle est embrassée par côtrainte, tant de funestes exemples de ces volontez violentées luy donnoyent dans les yeux, qu'elle craignoit de voir sa fille en accroistre le nombre, & de voir sortir en elle d'vne mesme cause vn semblable effet. Mais elle ne pût resister aux prieres, ny aux coleres d'Aloph, & le malheur des autres ne la póuuant rendre sage, elle auctorisa par son action ce qu'elle eust blasmé en vne autre. Elle redoutoit autant les despits de son Mari, comme elle estoit coiffée de son Amour, si bien que ne pouuant rien refuser à ses despéces (s'engageant pour cela de tous costez) beaucoup moins le pouuoit elle aux importunitez, dont il la pressoit pour porter ses enfans au Cloistre & à la retraitte du monde. Si bien que de peur d'estre mal-traittée par Aloph elle cōmença a gourmander l'innocente Flauie & a la tourmenter si farouchement, qu'elle sembloit plustost vne Megere qu'vne Mere, re, & vne furie attachée à son collet que celle qui luy auoit donné l'estre. Elle l'emprisonne, la bat, la menace, luy deffend la veuë & l'abbord des hommes, la tient si mal vestuë qu'elle auoit honte de se voir en si pauure equipage, n'y ayant seruante en la maison de Cecile qui ne fust en meilleur ordre. Somme tout, ce qui se peut pratriquer pour affliger vne fille, que l'on veut chasser au Monastere à coups de poings, est exercé en Flauie. C'estoyent neantmoins des vagues contre vn rocher, & plus on la poussoit du costé de la Religion, (port si doux & si heureux à ceux qui le desirent) plus conceuoit-elle d'horreur de ce genre de vie. En fin, il n'y a pierre que l'eau ne caue auec le temps, ny si puissant arbre qui cede à la violence de plusieurs coups de cognée, cette fille battuë de tant d'outrages, crût qu'elle ne pourroit estre si mal dans vne Religion, qu'elle n'y fust encore mieux que dans le monde; elle se range protestant tousiours de la contraincte à ce qu'Aloph desiroit d'elle, qui estoit de la voir

voir Religieuse; à c'eſt effect elle ne choiſit point vn Monaſtere où l'on obſeruat exactement vne regle, mais vn Cloiſtre ſans cloſture, vn ordre deſordonné, & ou l'on menoit vne vie peu differente de celle du Siecle. Non loin de Roſincourt il y auoit vn Conuent de cette forme informe, où au lieu de cloſture on ne faiſoit que ſe pourmener, où toutes ſortes de compagnies eſtoyent bien venuës, où la conuerſation eſtoit libre auec les ſeculiers, où contre le veu de pauureté toutes eſtoyent proprietai-

Ee 6

res, contre celuy d'obeissance chacune viuoit à sa volonté : de la chasteté il n'en dit rien, mais ie le laisse à la conjecture, estant aisé a iuger que ce lis qui ne se conserue que parmy les espines des austeritez & mortifications, & sur tout dans vne estroitte closture, deuoit estre en grand danger parmi les delices & les libertez. Là elle auoit vne Cousine qui reuenoit à son humeur, & qui fut aussi-tost sa compagne. Dieu qui n'appelloit pas cette fille à ce genre de vie, directemét cötraire aux veux Religieux

ne

ne benit pas son entrée ny prospera son Issuë. Ie ne sçay si ie n'aprocheray point trop pres du but & du lieu que ie n'ay pas voulu designer au commencement, si ie dis que ce Monastere où Flauie fut mise n'estoit pas esloigné d'vne ville frōtiere de la Champagne, & assez voisine de la Picardie, occupée en Souueraineté par vn Prince Heretique, & qui est vne tasniere d'Heresie qui respand son infection aux lieux circonuoisins. Flauie publiant ouuertement d'auoir faict profession par force, & ne le taisant

sant qu'a ceux qui ne le sçauoyent point, faisoit blasmer à chasqu'vn la rigueur de sa Mere qui l'auoit contrainte par son mauuais traictement à se ietter dedans cette Abbaye. Ces Religions, aussi peu r'enfermées que reformées, ressemblét à ces abbreuuoirs d'Affrique où s'assemblent toute sorte d'animaux, & où se forment les monstres. Les Huguenots y estoyent bien reçeuz comme les Catholiques, & estoyent sous diuers pretextes de parentage, de voysinage & de suitte admis indistinctement à la conuersation

sation des Moniales, comme si le benefice des Edits s'eſtédoit iuſques à ce malefice là. Il y eut vn ieune Cadet qui portoit les armes dans cette ville, que nous venons de marquer, qui ayant preſté lés oreilles aux plaintes de Flauie, & ietté les yeux ſur ſon viſage; eſpris de l'Amour de ceſte fille d'vn coſté, & de l'autre allumé du zele de ſa Religion Pretenduë Reformée, qui penſant faire vn grand ſacrifice à Dieu en mettant cette fille dans la deſbauche (que de ſa grace il appelloit du nom de Reformation

mation) commença a la cajoller & a la muguetter, il treuua tant de difpofition dans fon courage a fe laiffer prendre à fes perfuafions, que pour couler legerement fur ce mauuais paffage il l'éleua de fon Cloiftre à la façon d'Helene qui confentit à fon Rapt, & l'ayant emmenée dans la Ville Proteftante nõ feulemét elle quitta fon voile, mais encore elle quitta la Religion Catholique pour fe ietter dans l'Herefie. Et pour couronner fon œuure elle efpoufa ce gentil Soldat, qui fe fera connoiftre fous le nom

nom d'Heliodore, puis qu'il viola vn temple viuant consacré à Dieu. Ce galand faisant gloire de sa confusion, & s'imaginant (tant il estoit subtil) que son action seroit estimée à Paris, comme elle auoit esté hautement louée dans cette Ville Heretique, vraye cauerne de Brigands, fut ie ne diray pas si effronté, mais si badin que de venir à la Cour demander le mariage de sa femme, qu'il auoit prise autát par interet que par Amour, couurát l'vne & l'autre passion de celle du zele de sa creance, dont la Reformation

tion enseigne a changer le vœu de continence au feu de l'impudicité. Cecile & Aloph qui estoyent au desespoir du faux-bond qu'auoit faict cette fille, à la premiere nouuelle qu'ils eurent des demandes de ce compagnon? dót l'impudence auoit esté iusqu'à ce point de presenter requeste à la Iustice pour appeller la Mere & le beau-pere de son espousée, & tirer de leurs mains la part que sa bonne femme pretédoit à la succession de Stace, firent aussi tost vne contremine, & ayant obtenu vne prise

prise de corps mirét des Sergens en campagne pour attraper c'et oyseau & le mettre en cage. Il en eut le vent, & ayant pris vn meilleur cōseil de ceux qui manient les affaires à Paris, ce fut à luy de deuenir deffendeur non demandeur, & a chercher en sa fuitte la seureté de sa vie, de peur qu'estant venu sur ses pieds il ne fit sō retour à potences, Il se mit en sauueté & cōme dans vn azyle en l'hostel de ce Prince, Vassal & Officier de cette Couronne; dás laville duquel il estoit Soldat appointé. De là durant les tenebres

nebres d'vne nuict il prit la clef des champs, & courut à sa garnison plus viste qu'vn lapin à sa tasniere. Il n'est point besoin de vous raconter la triste mine qu'il fit à sa Nonain à son retour, voyát que les montaignes d'or de ses pretensions ne luy auoyét enfanté qu'vn rat ridicule, & qu'au lieu de se tirer de la pauureté qui l'oppressoit, il s'estoit mis plus en peine qu'il n'estoit auparauát; il n'estoit pas a maudire le zele indiscret qui l'auoit porté à ces miserables nopces, lesquelles au lieu de le mettre à son aise le ban-

bannissoyent de la France, & le mettoyent en danger d'espouser vne prison, & de là vne mort hôteuse en qualité de Rauisseur. Pour s'estre chargé d'vne commere (car le mot de femme est trop honneste pour vne infame concubine) on ne doubloit pas sa solde, & cette miserable paye estant à peine suffisante pour le nourrir, que pouuoit faire ceste miserable Damoiselle sinon viure du pain de douleur &de l'eau des larmes. Cet homme se voyant frustré des attentes qu'elle luy auoit faict esperer

rer, & faict semblable a ces marcháds qui se mettans sur mer pour faire du profit se voyent par vn naufrage en danger de perdre la vie, & de plus engagez en vne rude perte, commença à la gourmander & à la traitter en la façõ que le Prodigue de l'Euangile l'estoit par son cruel Maistre. Ce n'est point mon dessein de representer icy ses souspirs qui se peuuét mieux imaginer que descrire. Durát tout ce temps-là voyons le traictement, que le pauure Seruat receut de son facheux Parastre. Apres qu'il eut acheué

ué son cours en Philosophie, temps auquel ceux qui veulent continuer leurs estudes ont de coustume de faire choix de l'vne des trois sciéces Maistresses de la vie des lettrez, la Theologie, la Iurisprudence, & la Medecine ; il le fit presser de choisir l'estude de la premiere, luy promettant à l'aide du Prince son maistre de l'auancer en l'estat Ecclesiastique, & de le faire riche en benefices. Cecy fut apres auoir essayé en vain de persuader à ce jeune esprit d'embrasser l'estat Religieux? Ce petit Gentil-hôme
de

de qui les anceſtres auoyent touſiours porté les armes, & ſe voyant vnique de ſa maiſon ne voulut point ſe reſoudre à autre vacatió qu'a celle de ſes Predeceſſeurs, & quelque remonſtrance que luy fiſt ſa Mere, luy faiſant voir la pauureté de Stace dont le bien luy eſtoit tout engagé, & la difficulté de faire fortune dans les armes en vn téps auquel la France eſtoit en Paix, & la facilité de le mettre à ſon aiſe s'il ſe faiſoit d'Egliſe, ce gentil courage ne voulut iamais acquieſcer à ces diſcours, diſant qu'il aimoit

moit mieux eſtre pauure Gétil-homme que mauuais Eccleſiaſtique. Aloph ſe jettant ſur les menaces pour l'intimider il luy fit paroiſtre qu'il auoit vn cœur ineffroyable, & par de vertes reparties il luy fit voir les eſclairs d'vne future tempeſte. En ſomme, pour n'eſtendre point d'auátage ces diſputes, ne pouuant treuuer la Paix dans la maiſon paternelle, il delibera de l'aller chercher dans les armes, où parmy la tranquilité d'eſprit il eſperoit moiſſoner des lauriers, & des palmes correſpondantes à la gloire
F f

que ses anceſtres y auoyent cueilly par tout plein de beaux exploits qui les auoyét rendus renómez en leur téps. C'eſtoit en la ſaiſon de ce fameux ſiege d'Oſtéde, le plus memorable de noſtre ſiecle, tant pour l'opiniaſtre perseuerance des aſſiegeans, que pour la cóſtance des aſſiegés, & la valeur des vns & des autres. Là comme à vn glorieux theatre de la guerre les gráds courages accouroyét de toutes les parties de l'Europe pour y rendre des preuues de leur generoſité; vous euſſiez dit que c'eſtoit vn corps autour

tour duquel s'assembloyent les aigles pour en faire pasture. Chascū suiuoit le party de son inclination, & nostre Gētil-homme suiuant plustost le sentiment de sa religiō & de sa consciéce que celuy de sa nation se ietta dans l'armée de l'Archiduc Albert, où il se comporta auec tant de vailláce qu'il fut peu de téps dās la qualité de Soldat, estāt aussi-tost par son merite & sa naissance porté à quelques charges. Aloph qui ne demāmandoit que d'estre deliuré de luy en quelque façon que ce fust estoit bien aise de le

voir dans vn exercice ou les plus courageux treuuent pluſtoſt la ſepulture que les timides, & autant de nouuelles qu'on luy donnoit de la valeur de ſon beau fils c'eſtoyent autant d'eſperances qu'il cóceuoit de ſa prochaine perte. Cette ville aſſiegée eſtant maritime le ſecours des hommes & des viures y entroit par le moyen de la mer & du reflux, malgré tous les forts que les Eſpagnols auoyent faict ſur la marine; Heliodore y entra de cette façon; mais apres y auoir enduré les extremitez (où l'on
ſçait

sçait par l'histoire que furent reduits les assiegeás il ensortit pour s'aller rafraichir en Zelande où estoit l'armée du Prince Maurice. De là il alloit souuent visiter sa Flauie, qui estoit à Mildebourg, assiegée d'autát de disette en son particulier, que ceux qui estoyét dans Ostende l'estoyent en general; voila ce que c'est d'estre rebelle à Dieu & à son Prince. Ceux qui s'esloignent de leur deuoir periront, dict le Psalmiste; car la Iustice diuine à de coustume de perdre ceux qui se noyent dans les desbauches. Seruat, qui

auoit sçeu le faux bond de sa Sœur auec le juste ressentiment que peut auoir vn courage bié né en de semblables disgraces, mouroit d'impatiéce de voir l'espée à la main c'et Heliodore qui luy auoit raui l'hóneur en la personne de cette fille, & jetté cette hó teuse tache sur só sang, mais c'estoit vn desir mal-aisé à conduire à vn effect, parce que dans les armes & les armées du païs bas il y a tant de regle & de police que les duels y sont aussi rares que les combats y sont frequens, & les rencontres ordinaires
con

ALOPH.

contre les ennemis. Laiſſons les dõc en leur employ qui les empeſche de ſe joindre, pour voir la malheureuſe fin des iniuſtes pretenſions de noſtre Paraſtre. Ce n'eſt pas ſans raiſon que le Roy Profete à dit, que Dieu cõfondra tous ceux qui pour fraude & ſubtilité meditent des ſupercheries, car tous ces tiſſus d'araignée peuuent eſtre deffaits par le moindre ſouffle. Deſ-ja Aloph comme deliuré des deux enfans de ſa femme, qui luy eſtoyent tant à charge, ſe portoit comme maiſtre dãs leur bien, & engloutiſſoit en penfée tout l'eritage du pauure Stace, il le voyoit hyppoteque à Cecile, laquelle estoit disposée de suppláter Seruat pour faire Cecilian son heritier vniuersel, comme elle aimoit passiónément son beau Mari, c'et enfant qui en estoit l'image rauissoit ses yeux, & estoit l'idole de son cœur: mais Dieu du haut des Cieux voit les pensées des hommes & se rit de leur vanité, bouleuersant les fortunes & leurs pretensions par les mesmes moyens, dont on se pense seruir pour leur establissement.

Fol

Fol qui au monde met son cœur,
Fol qui croit en l'espoir mocqueur.

La fortune est de terre, lors qu'elle esclatte le plus c'est quand elle est plus preste de se briser. Aussi le monde est il comparé à vne mer de verre dans l'escriture, pour mõstrer l'inconstance & la fragilité qui accompagne les desseins que l'on y bastit. Ces paroles d'vn de nos Poëtes sont vn Oracle pour ce que nous auons encore à representer.

Le monde est vn Laban trompant
  ses seruiteurs,
Vne feinte Iahel tuant les banque-
  teurs,

Vn bois plein de Lyons, vne vallée im-
monde
De fruicts empoisonnez mortellement
feconde;
Où tout est tenebreux, tout de lacqs
assiegé,
C'est vn profond Neptune, vne mer
dangereuse
Plus que l'horrible aboy de la vague
orageuse:
Car sur le mol cristal des flots Mas-
siliens,
De cent naus balayants les champs
Neptuniens
Vne ne perit pas, mais ô! mondain
Neptune
De cent ames à peine en peut-il surgir
vne.
O dangereuse mer! ô Neptune pro-
fond
Regarde en la surface, en l'entre-deux,
au fond:

ALOPH.

Tu n'y verras au hault qu'vne onde deceuable,
Au milieu qu'amertume, au plus bas que du sable.

Lors qu'Aloph pensoit auoir mis vn clou à la roüe de sa fortune, establie sur la parole d'vne femme & sur la vie d'vn petit enfant, qui sont des pilotis assez peu solides; Voicy que la tourmête l'accueille & le iette dans le naufrage par vn orage non seulement improueu mais presque inimaginable. Sur les diuerses côtrainctes, qu'il auoit faittes & à Flauie & à Seruat, il y auoit bien eu entre ce

Ff 6

Mari & cette femme quelques riottes, bien qu'elle fuſt femme & Amante, neámoins elle ne pouuoit pas du tout deſpoüiller les ſentimens de Mere, n'y ſouffrir qu'auec vn peu de regret meſlé d'impatience le deſeſpoir où eſtoit reduit ſon premier fils par les rigueurs & le faſcheux traittement de ſon Paraſtre. Encore n'a t'elle pas entieremét perdu la memoire de la douce & heureuſe vie qu'elle a menée autrefois auec Stace. Seruat eſt l'os de ſes os, & le pourtraict animé de ce premier Mari: elle ne peut quitter

ter le dessein qu'elle a de procurer l'auancemét de ce premier fils, autant qu'elle pourra & au moins de luy laisser l'heritage de son Pere libre de debtes & franc d'hippoteques. Ce qui n'est pas conforme à l'intention d'Aloph; dont la conuoitise insatiable engloutit en pensée tout ce que Stace auoit laissé à ses enfans; mais Dieu qui punit les volontez determinées au mal comme les effects, & qui tient pour coulpable d'adultere celuy qui à souhaitté en son cœur la femme de son prochain, chastiera en cest homhôme ce desir iniuste, & luy fera perdre par vn reuers de fortune espouuantable & ce qu'il pouuoit pretendre iustemẽt & ce qu'il tasche d'auoir par des voyes pleines d'iniustice. Il poursuit l'ombre & seme le vent, il ne se faut pas estonner s'il moissonne des tourbillons & des tempestes, & s'il tõbe en des precipices. Ils estoyent en vne saison dont les chaleurs couuoyent les plus attachés aux cõuersations desvilles à chercher des diuertissemens dans les delices de la campagne, le Chasteau de Rosincourt estoit

estoit assez agreable, & quoy que basti à l'antique il estoit accompagné aux enuirõs de tant de iardinages, de clairs ruisseaux, de prairies emaillées, de boccages verdoyans, & ce qui est plus estimable que tout (selon le iugement de l'ancien Caton) d'vn si bõ voisinage & de compagnies si franches & si aimables, que cela conuia noz mariez à y donner quelques mois de retraitte affin de treuuer au retour les passetemps de Paris plus sauoureux. A quoy si vous adioustez le dessein qu'auoit Aloph de s'establir dans ce ce bié là, qu'il ne pouuoit regarder que comme Acab la vigne de l'innocét Naboth, vous aurez le vray motif qui le porta à cette demeure cham̄peſtre. Comme il eſtoit accort, & d'vne conuerſation fort douce & pleine d'attraits, il ſe fit autant d'amis qu'il auoit de voyſins, & il leur fit naiſtre autant de ſouhaits de le voir maiſtre de ceſte Seigneurie comme il en auoit de deſirs. A peine qu'il ne fiſt deſ-ja appeller le petit Cecilian du nom de Roſincourt, mais la Mere s'y oppoſat ne voulãt pas ſouffrir que ce

ce Cadet ainſi qu'vn autre
Iacob ſupplantaſt ſon aiſné,
ayāt d'ailleurs dequoy le faire aſſez riche ſans faire vn ſi
notable preiudice à Seruat.
Sur ce ſubject ils eurent vn
iour Aloph & elle ie ne ſçay
qu'elle caſtille qui cauſa vne
telle emotion dans leurs courages qu'ils en vindrent à des
termes faſcheux, & iuſques
aux reproches qui ſont les
plus ſanglants coupegorges
des bien-faicts. Aloph de qui
le courage eſtoit haut ne les
pouuoit ſouffrir ſans vne extreme indignation, & vn ſecret Aduocat plaidāt la cauſe

se de Seruat dans le cœur de Cecile l'excitoit à resister aux entreprises que ce Parastre vouloit faire sur les biens de c'est enfant de son premier Hymen. Tout ainsi que de chetiues etincelles excitent de grands embrasemens, & des vlceres qui ne paroissent rien en leur naissance s'aggrâdissent & deuiennent malings par le progres & quelque fois incurables ; de mesme les riottes entre des personnes conjointes par le mariage, si elles ne sõt appaisées & assoupies de bonne heure, sõt cause de la ruine des mesnages

nages & du bouleuersement des familles. Les paroles de contradiction, qui se passerent entre celles dont ie parle, se changerent en des murmures, en des menaces, en des outrages qui firent perdre à Aloph ce respect qu'il auoit tousiours si religieusement porté à sa femme; & ceste femme accoustumée à l'Empire & a commander par tout se voyát traictée de la sorte par celuy à qui elle croyoit auoir mis le pain à la main, outre qu'elle r'allétit beaucoup cette ardeur amoureuse qu'elle auoit pour ce beau Medor, se
mit

mit à emplir le Ciel & la terre de ses plaintes ; ne se contentant pas de les raconter aux Echots des rochers & des bois, mais les iettant dans les oreilles de tous ceux qui les luy vouloyent ouurir, & qui par la compassion qu'ils luy portoyent luy dónoyent subject de les redoubler & de les estendre. Il me souuient entre les autres d'vn traict ingenieux de ce Luperque, Seigneur de marque & paren de Stace, duquel nous auonst parlé au commencement de ceste Histoire. Car comme Cecile le fust allé treuuer vn
iour

iour à Paris, sur les premiers
differens qu'elle euſt auec A-
loph, pour luy faire ſes do-
leances des mauuaiſes intentions de ce ſecond Mari cō-
tre les enfans de ſon premier
lict, ce galand qui auoit faict
ce qu'il auoit pû pour empeſcher ſon mariage auec ce
Cader, & qui luy auoit predit
les peines & les troubles où il
la voyoit embarquée, ſe ſou-
uenant qu'elle luy auoit cō-
feſſé qu'elle eſtoit tellement
eſpriſe des yeux de ce beau
fils, que ne pouuant guerir de
ceſte bleſſeure que par les
nopces, elle auoit paſſé par
deſſus

dessus toutes les raisons qui les luy pouuoyent dissuader, auec vn ris mocqueur ne luy fit autre replique, sinon; mais ces yeux ! Pointe aiguë, qui trauersa le cœur de ceste Dame, des-ja assez affligée de sa propre douleur sans augmēter son desplaisir par cette risée, encore la voyant venir d'vn lieu d'où elle esperoit non seulement de la consolation mais du support, au cas que l'on eust voulu opprimer sa franchise & auancer la ruine de son premier fils. Ce n'est pas qu'apres ce tour de galanterie, qui procedoit

doit pluftoft de prefence & viuacité d'efprit que de mauuaife volonté, Luperque ne luy offrit toute forte de feruice & d'appui felon cette rare courtoifie qui le rend fi recommandable parmi ceux de fa qualité, mais il jugea à propos de l'humilier par ce petit mot, affin qu'elle appriſt à deuenir fage à fes defpés, & a fuiure vne autre-fois le confeil de fes amis en chofes d'importáce pluftoft que fes caprices & les mouuemés de ces paſſions. Et a n'en métir point, qu'elque compaſſion que la nature nous donne

ne pour les miserables, elle est fort amoindrie par la raison quand nous venons a connoistre que c'est par leur faute qu'ils sont tombez dans le desastre. Ce qui faisoit dire à vn Profete que c'estoit vn double malheur que d'estre malheureux par sa malice. Neátmoins si la Iustice nous conseille d'appliquer le caustique d'vne salutaire correction aux deffauts du prochain, la misericorde nous presse d'auoir pitié de sa misere, & nous deffend sur tout de redoubler son affliction par des mocqueries, ny ayant
rien

rien de si sensible que de se voir mis dans l'opprobre par ceux de la pieté desquels nous esperons du soulagement. Ce qui fit que Luperque changeant de stile apres auoir fait voir à Cecile qu'elle s'estoit volontairemét engagée en des liés que la seule mort pouuoit dissoudre, & qu'elle ne gaigneroit rien à se debatre contre sa chaisne, il remit neantmoins dans sa memoire le souuenir de Stace, & dans sa volonté l'affection qu'elle deuoit porter comme mere au fils qu'elle auoit de luy, lequel tesmoignant dás les armes par mille traicts de valeur la generosité du sang dont il estoit sorti, l'obligeoit par tant de vertu à prédre soin de sa fortune & a la conseruer contre les entreprises & les vsurpations d'Aloph. Que si elle l'abandonnoit à la merci de ce Parastre qui ne visoit qu'a engloutir son heritage, outre le titre hóteux de Mere desnaturée qu'elle acqueroit, ce seroit pour le porter à des termes desesperez qui luy apporteroyent autant de deplaisir qu'auoit faict l'eschapée de Flauie. Cecile qui s'estoit

stoit mal treuuée de n'auoir pas suiui le premier conseil de Luperque, lors qu'il luy dissuadoit les secondes nopces, se resolut d'embrasser ce second, & de resister fortement & ouuertement à Aloph lors qu'elle verroit que ses desseins battroyent à la ruine de son premier fils. Elle sortit de Paris pour aller à Rosincourt en ceste resolution, de sorte que voyant que son Mari se comportoit auecque la noblesse du voisinage comme s'il eust deub planter son bourdon en ce lieu là pour le reste de sa vie,

elle luy dict vne fois qu'il luy sembloit (se mettant de la partie pour faire couler plus doucement la reprehension) qu'ils faisoyent vn peu trop les Maistres sur le territoire d'autruy,& qu'ils ne deuoyét considerer ce sejour que cóme vne hostelerie où l'ó n'est que de passage, non pour y faire vne demeure arrestée & asseurée. A quoy Aloph repliqua qu'elle seule se pouuoit de sa propre volóté priuer de ceste maison n'estant pas au pouuoir de Seruat de l'en mettre dehors à cause des grandes hippotheques
qu'el-

qu'elle auoit deſſus. Il eſt vray (reprit Cecile) que i'ay beaucoup de deniers à reprédre ſur tout ce bien icy, mais ſi la terre m'eſt engagée ciuilement ie ſuis par la nature beaucoup plus hyppothequée à celuy qui en eſt le legitime & vray Seigneur; puis qu'il eſt mon fils. S'il reuenoit de la guerre (ce que ie deſire de tout mon cœur) & qu'il ſe vouluſt marier (ce que ie ne voudrois empeſcher quand ie le pourrois, & ne pourrois quant ie le voudrois) puis que les loix & la liberté publique ſont au deſsus de mes volontez, au contraire ce que ie souhaitterois pour le bien de son ame & la cõsolation de la mienne, pẽsez vous que ie fusse si mauuaise Mere que de le vouloir debouter de son heritage, & quelle moindre grace peut il esperer de moy que de l'auoir de mes mains en faueur de son mariage franc & quitte des deniers que ie puis auoir dessus. Dieu merci ie ne suis pas de si mauuais naturel que ie vienne à mesconnoistre le fruict de mon ventre, & celuy à qui ie ne me contente pas d'auoir donné

la

la vie si ie luy baille le moyé de la passer sans incommodité : Ces debtes ne sont pas le plus beau de mes reuenus, s'é est la partie la moins claire, vous ne deuez point treuuer mauuais si laissant ces espines à l'aisné ie garde les roses, & ce que i'ay de meilleur pour Cecilian nostre commun ouurage. Que diroit le monde, certes il auroit raison de dire que ie ne meriterois nullement le nom de Mere si ie mettois en oubli celuy qui me represente si viuement l'image de mon premier Mari, & qui tesmoigne par ſes actions de vouloir ſeconder le courage & les vertus de ſon Pere. Ie ne m'eſtonne pas ſi vous ne l'aimez point, parce qu'il ne vous touche pas de ſi pres qu'a moy ; mais il ne s'enſuit pas, que l'Amour que ie vous porte me face deſpoüiller l'humanité & quitter le ſoin que ie doibs par toutes ſortes de raiſons auoir de ſon auancement. Ce diſcours peu attendu d'Aloph, qui eſtoit d'vn eſprit prompt & d'vn ſang chaud ſelon le téperament de ſa nation, le mit auſſi-toſt en fougue : car il il estoit tout contraire aux promesses, que durant la chaleur de ses premieres affections Cecile luy auoit faictes, de ne songer qu'a son auantage & à celuy du petit Cecilian, & de mettre sous les pieds toute autre consideration, & mesme y allast il du preiudice & de la ruine de ses premiers enfans. Mais outre que ces promesses auoyēt esté faittes par vne femme, elles estoyent si mauuaises, que c'eust esté vne iniustice aussi manifeste de luy garder comme la raison de les enfraindre estoit equitable. Et bien que celles de ce sexe ne soyent d'ordinaire que trop veritables en leurs promesses faittes mal à propos, celle-cy s'en retracta prudemment ayāt pris l'auis d'vn Conseillier plus sage que n'estoit son aueugle Amour. Adioustez à cela ce que dict c'et Ancien Poëte.

La nature reuient tousiours quoy que chassée,
On ne la voit iamais tout a faict effacée.

Aloph qui deuoroit des yeux ce bel heritage, se voyāt frustré de l'espoir où aspiroit sa sa convoitise, entra en vne colere demesurée qui luy fit dire des choses que la bienseance m'empesche de r'apporter, & qui ne deuoyent iamais sortir de sa bouche. Cecile qui se vit ainsi traitter par vn homme qu'elle auoit tousiours gourmandé, & qui l'adoroit auparauant auec des respects qui approchoyent de l'Idolatrie, luy repartit en termes si aigres, que ce Prouençal hault à la main en vint iusques là de hausser la sienne pour la fraper. C'et affront picqua si outrageusement cette femelle,

desja despitée de ses paroles, qu'elle vomit côtre luy toutes les reproches & les iniures que la rage arrache de la bouche de ceux dont elle possede les esprits. Les voila si mal ensemble qu'ils ne se regardent plus que de trauers, & auec des yeux estincelans de courroux. Helas! combien differés de ce qu'ils auoyent accoustumé de paroistre, ils se fuyent l'vn l'autre, & la separation de leur conuersation fait celle du lict: dangereuse diuision dás l'harmonie d'vn Mariage, car comme le monde est faict,
com

comme la legitime vnion des corps est vn grand acheminement à celle des cœurs, quand les corps sont separez par le despit, malaisement les volontez se peuuent elles rejoindre. Le fer frotté d'ail ne va point à l'aimá, & vn cœur aigri de r'ancune conçoit malaisement des pensées de paix. Aloph pour digerer son deplaisir, & diuertir sa colere, se j'etta dans l'exercice de la chasse qui est aussi bien que le sommeil le charme des plus cruels ennuis, & l'innocente occupation de ceux qui sont de loisir. Cecile

le se mit à ses ouurages, entretien ordinaire des femmes, & auquel elles se prennent d'autât plus asprement qu'elles sont plus despitées. Elle se jetta dans vne profonde solitude, où rongeant son frein en silence elle se plógea dans vne melancolie qui n'estoit pas de celles qui se peuuent moderer par les ieux ou les discours, elle ne medite que des malices & des vengeances contre son Mari, & le feu de sa colere surmontant celuy de son Amour luy met mille pensées dans la teste, telle que les peut auoir vne fem féme outrée de despit. Mais cōme dict le diuin chantre, sa douleur se tournera contre elle mesme, & son iniquité se r'enuersera sur sa teste. Encore qu'elle ne soit plus Amante si est-elle Mere, & comme celle qui fust plustost morte que de r'abattre vn point de ses gloires, ne voulant pas qu'Aloph eust aucun auantage sur elle, pour vn traict de mauuaise mine qu'il luy faisoit, elle luy en rendoit plusieurs, qui tous tendoyét à vn extreme mespris. Si elle goustoit quelque douceur en c'et estat tout remrépli d'amertume, & si quelque charme flattoit son ennuy, c'estoit l'innocence du petit Cecilian qui n'estant encore que de quatre ans par des mignardises si ordinaires aux enfans taschoit de la retirer de la tristesse où il la voyoit enfoncée, c'estoit l'Ascaigne de cette Didon, & le portraict de ce fils luy representant le Pere en sa plus belle & fleurissáte forme pipoit doucement son imagination, & surprenát son sens la faisoit quelque-fois repétir secrettement de sa colere, & logeoit l'Amour en la place ce qu'occupoit iniuſtement la haine. Trop heureuſe ſi elle euſt correſpondu par les effects à tant de bonnes & ſainctes inſpirations, pour auoir eſté trop long temps rebelle au Sainct Eſprit elle ſe rendit indigne de la lumiere de ſa grace, & par ces tenebres elle tõba dans le precipice de sõ malheur. Aloph, qu'elle auoit par ſes parolles cruellement offencé, tenoit touſiours ſon courage & s'eſcartoit d'elle autãt qu'il pouuoit; ſi bien qu'ils n'eſtoyent plus cõjoints que par le nœud inſeparable d'Hymen, autãt con-

cõtrainct en son progres que volontaire en son principe, n'estans plus attachez ni par la volupté du corps ni par la volupté du cœur. Il est escrit des cœurs durs & inflexibles; qu'ils finiront mal : ce qui auoit a ceux-cy comme vous allez lire. Vn iour qu'Aloph estoit allé à la chasse Cecile s'ámusant à se joüer auec son petit Cecilian, elle l'assit sur le perrõ d'vne Sale qui estoit au second estage de la maison, & comme elle folastroit auec c'et enfãt, par ie ne sçay quel estrange malheur il tõba à la renuerse, & donnant
de

de la teste sur le paué qui estoit en la cour il se mit la teste en tant de pieces que la ceruelle s'en respandit en diuers lieux: ce pauure innocét expirát ainsi sans dire vn seul mot. Il n'y a point de paroles capables d'exprimer l'inconsolable douleur de cette Mere sur la perte de c'est enfant, qui estoit la lumiere de ses yeux & l'vnique consolation de sa vie, des-ja assez triste sans ce deplorable accident; principalement quand elle venoit à considerer qu'elle auoit en quelque façõ (quoy que sás dessein) causé la mort
à

à celuy à qui elle auoit donné la vie. Il ne feruiroit de rien de reprefenter fes cris, fes larmes, fes gemiffemens, ou pluftoft fes defefpoirs, fes fureurs, & fes rages; comme elle fe jetta fur le corps de fon enfant mort croyát peut eftre par ces cris luy redonner la vie, ce que l'on dit que faict la Lyonne à fon Lyonceau par fes rugiffemens. Cependant qu'elle eft en ces detreffes Aloph reuient de la chaffe, qui voyant toute la maifon en alarme en demáda auffi toft le fubject, on luy annonça tout à la chaude la mort

mort de son fils ; & ce fut de
si mauuaise façõ, qu'vne seruante de peur que la fureur
ne luy fit ioüer des mains cõtre les innocés dit tout hault
que c'estoit Madame qui l'auoit tué. Il fut fasché de cette nouuelle cõme d'vn coup
de foudre, mais ce feu qui
mit en cendres toute sa patience alluma dans ses os vne
telle colere, qu'estant monté
comme tout hors de soy à la
Chambre de Cecile il vid
(horrible spectacle) l'enfant
estendu mort sur la table qui
auoit la teste ecrasée, & la Mere qui apres s'estre long téps
de

debatuë auoit esté contrainte de s'abbattre sous vn tel creuecœur qu'elle en estoit snr son lict estenduë comme stupide : tant il est vray que les extremes affections estédissent l'esprit qui est aiguisé par les mediocres. Preoccupé de l'oppinion que sa femme eust par vne fureur despitée & volontairemét tué son fils, il entre comme forcené, tout resolu de la mettre en pieces, apres auoir vomi contre elle tout ce qu'vn Pere desesperé peut auancer contre vne Mere desnaturée. Aussi ne s'y espargna t'il pas la cou

urant

urant d'opprobres, d'outrages & d'iniures, que la rage produisoit par sa bouche. Cecile toute estourdie qu'elle estoit par son angoisse, se voyant accusée côme meurtriere volontaire de son enfant, & côme si elle eust faict expressemét ce qui luy estoit auenu par mesgarde, se reueilla en sursaut côme d'vn sommeil l'etargique, & voulant repousser ces fausses accusations non par de douces excuses, mais des sanglantes reproches, pour chasser vn clou par vn autre, elle mit Aloph des-ja desesperé de la
perte

perte de son fils en la plus extreme rage où vn homme puisse estre reduit. Ce qui l'obligea de croire, que possedée de la mesme fureur qui la faisoit parler, elle auoit de propos deliberé teinct ses mains dans le sang de c'est innocent, pour luy faire sentir les effets de la haine qu'elle auoit conceüe côtre le Pere. Et ce qui le confirmoit en cette creance c'estoit de la voir si asseurée dans son desastre, & la recrimination dôt elle vsoit contre luy : car au lieu de luy faire connoistre que c'est accident funeste
estoit

estoit arriué inopinément &
par vne pure inaduertance,
elle luy ietta au visage que
c'estoit la haine implacable
qu'il auoit tousiours eu pour
les enfans de son premier lict
qui auoit esté cause de ce
malheur, Dieu le punissant
en la mort de c'est vnique
des rigueurs qu'il auoit exercées
enuers les autres, desquels
desormais il ne pourroit
plus pretendre le bien,
non plus que la succession.
Ces termes ambigus pris (selon
la coustume de ceux qui
sont animez de colere) en la
pire part emporterent le bas-
H h

finet de la balance du iugement preocupé d'Aloph du mauuais costé. Sur quoy arriuerent en son esprit les furies & les vengeances qui le porterét au dessein de se deffaire de cette Mere desnaturée, l'estimát indigne de voir le iour apres l'auoir raui à celuy à qui elle auoit dóné l'estre. Sur vn proces si mal instruit il minute vn arrest de mort, & aussi tost il en veut venir à l'execution : tant est veritable ce mot d'vn Poëte Ancien,

*Que toute extremité, qui conduit
dans le vice,*

va roulant à grands pas dedans le précipice.

Ayant dõc les yeux estincelans de courroux, helas! cõbiẽ dissemblables de ce qu'ils estoyent lors que Cecile en tiroit ces flammes gracieuses qui embrasoyent son ame, & luisans dans son front, non comme deux Planettes fauorables, mais ainsi que deux Cometes malignes, & qui menacent de mort, il vient à elle pour ioindre à des paroles furieuses des effects tragiques. Il la bat à outrance, la iette par terre, la foule aux pieds, la meurtrit de tous costez, la saisit à la gorge pour l'estrangler de ses propres mains, ne daignant se seruir de son espée contre vn sexe si debile. Mais cette femelle desesperée faisant vertu de la necessité, & redoublát sa force par vne rage extraordinaire qui la rédoit comme maniacle, se releuát de son terrassement se deffend auec les dents & les ongles, & fait en cette extremité des efforts qui passent la vigueur d'vne femme. Elle saute aux yeux de son meurtrier, & apres auoir escrit sur son visage auec ses ongles les sanglants cara caracteres de son courroux, elle l'outrage si sensiblement qu'Aloph saisissant vn gros baston qu'il treuua dans le bois qui estoit en la cheminée l'en battit si cruellemét, qu'apres luy auoir rompu vn bras, & l'auoir estenduë contre le carreau, il luy écrasa toute la teste presque en la mesme façon qu'il voyoit estre celle du petit Cecilian; ainsi mourut la pauuré Cecile d'vne maniere & en vn estat si deplorable & pour son ame & pour son corps, que pour ne tomber point dans la fosse d'vn iugement temeraire ie croi qu'il eſt meilleur de couler ſur vn pas ſi gliſſant que de s'y arreſter. O combien il eſt vray que les fautes precipitées portent en croupe de ſoudaines mais inutiles repentances! Aloph ne l'euſt pas ſi toſt aſſaſinée, qu'il euſt deſiré voir en vie celle qu'il auoit miſe au rang des morts, voyant bien que, comme l'abeille qui perd la vie auec ſon aiguillõ, il auoit ſacrifié ſes biens, ſon hõneur, & ſa fortune à ſa vengeance; mais tout ainſi que les homicides ſe font plus aiſement qu'ils ne ſe iuſtifient, il eſt de meſme plus facile d'oster la vie à quelqu'vn que de la luy rendre, l'vn se faisant naturellement & l'autre estant reserué au miracle. Voila tout le Chasteau de Rosincourt, & toute la famille de Cecile au plus grand trouble qui se puisse imaginer. Ce tragicque euenement partage les affectiõs des seruiteurs, chacun se rangeát du costé de ses interests: ceux qui voyoiét leur fortune renuersée par la mort de leur maistresse, & qui sçauoyent que Cecile auoit esté mal reconuë par Aloph qu'elle auoit appellé en la part de son lict & de ses richesses, se mutinerent contre ce Gentil-hôme, & mettans la main aux armes vouloiét vâger sur luy la mort de celle qui leur mettoit le pain en la main. Et certes s'il n'eust esté secouru par ses creatures & par ceux qui le seruans en particulier se treuuerent obligez à sa conseruation, ou il fust tombé sous la violence de ces irritez, ou au moins par leur moyen il eust esté remis entre les bras de la Iustice qui l'eust rendu vn spectable hôteux par vne infame & exéplaire punition. Aloph se vit

en

en vn iour deſcheu de ſes pretenſions, priué de ſa femme & de ſon fils, & vuide d'eſperance; experimentant cõbien eſt prompt le tour de la roüe de la fortune, qui luy auoit changé de viſage en vn moment. Tout ce qu'il pût faire en ce trouble d'eſprit qui le vint ſaiſir, apres qu'il euſt faict vn coup ſi miſerable, ce fut de ſe charger de quelque argent, & ſe ſauuer à l'aide de deux de ſes plus confidens ſeruiteurs de la furie de ceux de Cecile qui vouloyent ſe jetter à ſon collet & le traitter ſelon que meritoit son crime. Il sort de Rosincourt sur le soir que tout ceci arriua, & se mit au trauers des ombres de la nuit à chercher sa seureté dans la fuitte. Et parceque sa consciéce ne luy promettoit pas de luy faire treuuer grace en la France d'vne si grande cruauté, se voyant sur les frótieres de la Flandre il s'y sauua; & ne r'encótrant pas mesme dans le païs Catholique, subject aux Archiducs Albert & Isabelle assez d'asseurance pour son crime, il passa dans la Hollande receptacle de semblables gens, & azyle commun de ceux que leurs fautes rendent vagabóds sur la terre. N'ayant plus autre moyen de viure que par l'exercice de son espée il se ietta dans l'armée du Conte Maurice, qui estoit lors en Zelande aux enuirós de Mildebourg. Quelqu'vn de ses gens, qu'il auoit laissé en France pour voir ce qui succederoit de ce tragicque euenement arriué à Rosincourt, l'y vint treuuer, & luy raconta comme les parens de Seruat s'estoyét par l'auctorité de la Iustice saisies des biens de Cecile pour les conseruer à ce Gentil-homme qui estoit alors au siege d'Ostande, & que son meurtre estoit tellement detesté que ses propres parens n'attendoyent rié moins que de le voir executer en effigie. Et quoy, dit Aloph, ne fera t'on point aussi le proces à la memoire de cette execrable Mere qui a si miserablemét faict mourir son enfant. Alors il apprit mais trop tard l'innocence de Cecile, & comme la mort du petit Cecilian estoit arriuée par vne mauuaise aduanture nó à dessein. Que de remords à ce recit s'emparerent de son ame,

ame, combien detesta-t'il la brutale impetuosité & son furieux aueuglement qui l'auoit plongé en vn estat si deplorable; il auoit luy-mesme ruiné sa propre feste & esté l'artisan tant de sa bonne que de sa mauuaise fortune. Voila ce qu'àpporte la precipitation, principalemét quand les effects sont tels qu'il n'y a point de moyen d'y aporter du remede. Estát en l'armée du Conte Maurice il ne manqua pas d'y r'encontrer Heliodore, qui n'estant pas encor auerti de la mort de Cecile crût aussi-tost qu'Aqu'Aloph estoit venu là auec des lettres du Roy pour le faire prendre & le mettre cóme vn Rauisseur entre les mains de la Iustice de France : car c'est le propre des coulpables de n'auoir point d'asseurance en des lieux de seureté, & en tremblant sans cesse comme des Cains d'auoir peur où il n'y a aucun subject de craindre. A ceste opinion il en adjousta encore vne autre qui estoit, que se tenant sur ses gardes il pourroit parauanture bien euiter d'estre pris, mais non pas que Flauie retournast en la puissance

sance de ses parens comme il sembloit que la raison & l'equité le desirassent ; sur quoy estant entré en la mesme fougue d'vne Tigresse qui se voit enleuer sa littée il crût que pour aller au deuât de ces maux qu'il croioit le menacer, il deuoit appeler Aloph en combat singulier pour se deffaire de luy selon les loix imaginaires de l'honneur dont les gens de guerre se font vne Idole. Aloph qui faisoit profession de ne refuser iamais de ces marchez là quand on les luy mettoit à la main, & qui y estoit alors
plus

plus porté que iamais à cause du desespoir où il estoit reduit qui luy faisoit auoir en horreur sa propre vie, se porta bien volontairement au lieu qu'Heliodore luy marqua dans vn cartel qu'il luy fit tenir, où en trois passées poussé d'vne fureur extraordinaire qui le possedoit, & d'vn extreme desir de perdre la vie, il l'arracha à celuy qui la luy vouloit oster le perçát de bande en bande, & luy faisant mesurer la terre, & colorer de l'email de son sang les herbes du pré qui se treuuerent sous sa cheute. Voila com comme fut puni c'est Heliodore qui auoit par vn attentat sacrilege violé le temple de Dieu. On ne peut rauir au Comte Maurice qu'il n'ait esté en sõ temps vn sage Capitaine, bien que sa fin ait fleſtre les actions precedentes, la prudence & la valeur du Marquis Spinola ayant terni tout son lustre, & luy ayant faict perdre & les biés & l'honneur & la vie en la prise de la ville de Breda; & les Archiducs ayant fort entamé la vanité de sa gloire en la prise d'Ostande qui fut emportée de haute luitte à la veuë

veuë de son armée : mais au temps duquel nous parlons il faisoit obseruer vne discipline si exacte dans son camp, que plusieurs de sa Religion, & mesme des Catholiques qui faisoyent banqueroute à leur conscience, y alloyent comme à vne escole où l'art militaire s'apprenoit auec beaucoup de perfection. Or entre les regles de la milice la deffence des duels y estoit si estroittement gardée, que ceux qui se battoyent soyent vaincus ou vainqueurs ne pouuoyent esperer aucune grace ny attendre autre salut

que

que par leur fuitte. Ce qui contraignit Aloph de s'escarter de la Hollande, & de se ietter dans les estats de Flandres en prenant party dans l'armée de l'Archiduc: mais ce fut pour luy tomber d'vn abisme en vn autre, & pour euiter la fureur de l'eau se ietter dans vn brasier ardāt. Les nouuelles de la mort de Cecile estás des-ja venuës à la connoissance de Seruat, il estoit apres à demander son congé pour aller recueillir l'heritage de son Pere & de sa Mere qui ne luy pouuoit plus estre contesté. Mais parce

parce qu'il estoit en charge, & qu'il seruoit vtilement, il auoit d'autant plus de difficulté de l'obtenir; parceque l'on auoit besoin de personnes de sa valeur & de só merite. Quand le malheur persecute vne fois vn miserable, au lieu de l'euiter il le cherche, & en le fuyant il s'y precipite; ce qui aduient à ceux qui se iettent en l'eau, & s'y noyent plustost que de tomber sous les armes de leurs ennemis. Cecy auint à Aloph qui s'escartant de l'armée du Çôte Maurice pour esquiuer la mort qu'il meritoit,

toit, pour auoir osté la vie à Heliodore, la vint treuuer dans celle de l'Archiduc où il croyoit par les preuues de sa valeur releuer les ruines de sa fortune, & recueillir le desbris de son naufrage. Car à la premiere r'encontre qu'il eut de Seruat, le sang de Cecile criant vengeance aux oreilles de ce fils, & les torts que luy mesme auoit receus de ce cruel beau-pere reuenant en sa memoire, & y allumant le feu d'vn extreme courroux il ne luy expliqua point son mescontentement autremét que par vne voix de fol, en
luy

luy faisant mettre l'espée à la main, & apres trois grands attaintes le couchant tout mort sur la place. De cette façon fut verifiée en la funeste catastrophe d'Aloph cette menace diuine, que les hommes de sang & qui machinent des tromperies ne verront point arriuer leurs iours iusques à la vieillesse, & encore cette autre, qui destine à perir violemment ceux qui se seruent iniustement de leurs espées. Si Aloph s'estoit retiré du Cáp des Holládois pour auoir mis à mort Heliodore, ce fut à Seruat à gai-

gaigner les champs apres ceste execution d'Aloph : car dans les armes de Flandres la discipline militaire n'estoit pas moins rigoureuse contre ceux qui se battoyét de quelque façon que ce fust ou en duel ou par rencontre, d'autant que les mœurs des Espagnols qui y auoyent les principaux commandemens estans extremement aliénez de ces combats singuliers, & le peu d'hommes qu'ils ont faict que la vie des soldats leur est chere, à raisó dequoy ils punissent fort seuerement ceux qui respandent le sang mal

mal à propos & pour des querelles particulieres. Seruat prit donc son congé sans le demander, & quitta sa charge & son quartier sans faire sonner la rrompette, & ayant regaigné la France où il pensoit venir triomphant de son ennemi, pour y entrer en possession de son bien, il se treuua bien descheu de ses esperances: car le frere aisné & les parens d'Aloph ayans eu auis qu'il auoit esté tué par Seruat obtindrent aussitost de la Iustice vn pouuoir de le prendre pour luy faire faire son proces, non comme

à

à vn simple meurtrier seulement, mais comme à vn parricide. Ils en vindrent iusques là de l'inuestir dans son Chasteau de Rosincourt, où il s'estoit retiré, le sommans de se rendre de la part du Roy, & demandans le secours des communes pour tenir main forte au Preuost & aux Archers deputez pour le prendre. Le refus que fit ce Gentil-homme d'ouurir ses portes aux officiers de la Iustice le rendit coulpable de rebellion & le fit ainsi doublement criminel; si bien que, pour euiter le naufrage qui

luy estoit euident, il ne vit point de meilleur moyé que de prendre la campagne en attendant que ses parens fissent sa paix & qu'il pûst rentrer en ses biés; mais soit que le desir de les auoir fist sous main coniurer à sa ruine ceux qui deuoyent par le droit du sang estre son protecteur, soit que le frere & les alliez d'Aloph en fissent vne viue instance, la poursuitte en fut si chaude qu'en peu de temps son proces luy fut faict, & il fust condamné a estre decapité. Ce qui se fit en fantosme, comme l'on auoit auparauant

rauant faict d'Aloph, & tous ses biens estans confisquez furent en partie distribuez à ses plus proches, en partie à quelques autres que le Roy voulut gratifier de cette confiscation. Ce coup ne fut pas si sensible à Seruat que s'il eust esté present, car il eust souffert en effect ce qu'il n'ẽdura qu'en peinture : mais l'assault en fut tel à son courage, autant amoureux de l'honneur qu'il l'estoit de la vertu, qu'il se resolut d'auoir desormais le monde en horreur comme vn crucifié, puis qu'il se voyoit ainsi crucifié

au monde. Mais où donnera-t'il de la teste? la Fráce la luy tranche. La Flandre, s'il y retourne, ne le menace pas d'vn moindre supplice. La Hollande luy est en horreur, à cause de l'Irreligion qui y regne. Il se sauua donc en Lorraine y estant inuité par le voisinage, & de là par le Comté de Bourgoigne & l'Allemagne il se rendit en Italie dans la ville, autrefois Maistresse du monde pour les armes, maintenant qui en tient les clefs par l'auctorité du Sainct Siege. Vn Cardinal François, qui se treuua en
ce

ce temps là en cette Cour, le receut en sa maisõ tout moite de sõ naufrage & l'accueillit auec beaucoup d'humanité. Certes il luy arriua en ce lieu comme à ceux qui se mettent sur la mer, c'et element naturellement barbare rend sauuages & cruels ceux qui s'addõnent à la nauigation, & neátmoins auecque toute cette ferocité quãd il arriue vn fortunal il n'y a gens au monde qui reclamẽt l'aide du Ciel auec tant de ferueur, ny qui fassent des prieres accompagnées de tãt de deuotion. Ce theatre de la grandeur humaine, où aboutissent comme à leur cêtre toutes les natiós qui font profession de la vraye creance des Chrestiens, est à n'en point mentir vn lieu où courent des vents d'ambition si puissans qu'il y a peu de voiles qui ne s'éflent à ces bouffées; c'est là selon le prouerbe, que les meilleurs courages & les ames de la plus fine trempe se relaschent, & se ramollissent par les voluptez & les delices qui n'y ont que trop de cours, & qui y sont pluftost esbloüissátes que visibles : Toutesfois Seruat se pre-

preserua de ces vicieuses cõtagions, & puisa les desseins d'vne vie austere & reformée au milieu des desbauches & des dissolutions qu'il voyoit pratiquer à tant d'autres. Il n'alla point à gauche dans les precipices du vice, mais leuant ses yeux vers les montaignes, en cette ville qui en à sept, il implora le secours de celuy qui a faict le Ciel & la terre; affin que ses pieds, c'est à dire, ses resolutions ne s'esbranlassent point par la tentation. Et certes il ne fut pas deceu en son attente: car celuy qui garde Israel, & qui veille sur ses esleus ne s'endormit pas sur luy, mais le preseruant de tout mal, & gardât son ame de soüilleure il eut soin de sa sortie & de son entrée, ie veux dire, de sa sortie du monde & de son entrée en Religion, luy suggerant la pensée de se ietter dans vn Cloistre, & luy en ouurant les moyens par l'entremise du Cardinal qui l'auoit receu en sa protection. Ce fut dans vn Monastere de l'ordre de Sainct Benoist, de la Congregation du Mont-Cassin, qui est fort reformé & de grande renommée en Italie

Italie, qu'il fit sa retraitte disant auecque le diuin Chantre, c'est là mon repos pour le siecle present en attendant le futur, c'est là que ie demeureray parceque mon electiõ à porté ma dilection vers ce genre de vie. Ce fut là le port ou il se mit à l'abri des orages & des tempestes qui l'auoyent agité dans le monde, astant porté au grand bié de l'estat Religieux par vne heureuse necessité. Il y eut vn Poëte Italien qui fit vn Sonnet sur c'est abandonnement du Siecle que fit Seruat, que nous auons treuué assez naïuément exprimé en celuy-cy.

SONNET

SVR LE DESDAIN DV SIECLE.

C'Est à ce coup, voici le iour venu,
Que ie doy faire au monde banqueroute,
Pour escarté suiure meilleure route :
Tousiours le mal doit estre preuenu.
Monde tu m'as si long temps retenu,
Qu'encor ici tes assauts ie redoute,
Et toy desert qui mes plaintes escoute
Tu es trop tard à mes vœux suruenu.
Iestois lié d'vne fatale chaisne,
Qui me tenoit sous vne dure gesne,

Pour-

Pourtant i'aimois cette infelicité:
Mais maintenant desnoüant ce
cordage,
Et m'esleuant à la diuinité
Dedans le Ciel ie loge mon courage.

Laissons reposer en paix, & en celuy qui est le Dieu de paix, ce bon Religieux qui gouste combien le Seigneur est doux, & combien son esprit est suaue à l'ame qui le recherche de toute l'estenduë de ses attentions. N'esueillons point ce bien-aimé de ce sommeil gracieux, qui l'assoupit saintement sur la poictrine du Sauueur. Laissons le blessé de la flesche de

la diuine Amour dormir dãs ce sepulchre des viuans qui est le Cloistre, où viuant sainctement il ne peut que faire vne heureuse fin. Et allons voir ce que deuint à Mildebourg l'infortunée Flauie apres la mort de son Heliodore. Elle eust mieux faict de respandre sur ses pechez les larmes qu'elle versa pour sa perte, ce n'estoit pas pour vn si maigre subject qu'elle deuoit estre prodigue d'vne si precieuse liqueur. Mais à quoy seruiroit de peindre sur ce papier des regrets qui se sont iettez dedans l'air, &
qui

qui ont meilleure grace sous le voile du silence que dans vn recit inutile. Apres auoir long temps souspiré son desastre, & receu tous les traicts de malheur que le Ciel peut descocher sur vne creature qu'il veult chastier sans la perdre; elle se vit reduitte à des conditions si seruiles & si honteuses, qu'on ne les peut mieux representer que par celle du prodigue de l'Euangile, seruant en vne religion esloignée à la garde des animaux qui ne peuuent estre nommez qu'auec indecence. A la fin la souffrance luy redondonna l'entendement, & luy seruit de collire pour remettre en nature l'œil de son iugement, le feu de la concupiscence estant auparauant descendu en elle luy auoit rauí la clarté du Soleil, mais Dieu par lafflicttion luy rendit la lumiere de sa connoissance, & luy fit connoistre par le deplorable estat de son corps & de sa fortune la pitoyable constitution de son ame. Elle dit donc comme le Prodigue (resolue de le suiure en sa repentance, l'ayát imité en ses forfaits) ie me tireray de l'ordure ou ie suis, & ie quit-

quitteray ceste region de l'ō-
bre de mort où ie fus enfe-
uelie, ie laisseray le train des
pecheurs, i'abandonneray la
chair de pestilence pour re-
uenir à mon cœur en mettāt
bas toute preuarication, ie
veux remettre mes pieds dās
les meilleures voyes, & retourner mes pas vers les tef-
moignages du tref-haut. Et
de faict, ayant eu auis de la
mort de sa Mere, de son Beau
pere, & de la condamnation
de son frere, elle s'achemina
vers Paris, s'imaginant de recueillir quelque lopin de l'he
ritage de ses parens au cas
qu'on

qu'on refusast de la reprendre dans le Monastere d'où elle estoit sortie, estimant que son Apostasie la rédroit indigne de r'entrer en la cōpagnie des sacrées Vestales qu'elle auoit laschement & honteusement abandonnée; Mais quand elle vit que tout le bié de sō Pere & de sa Mere, qui estoit escheu à son frere, auoit esté en partie dissipé & en partie cōfisqué, & qu'elle ne pouuoit esperer de tout ce desbris aucune piece qui la tirast du naufrage où elle flottoit, elle fit tant enuers ses parens auquels elle fit paroistre

stre la verité de sa repentance, qu'ils luy obtindrent la permission de retourner en son Abbaye, où elle se resoluoit de receuoir telle correction & d'embrasser toute la Penitence qu'ō luy voudroit enjoindre. O! que le Dieu d'Israël est bon à ceux qui ont le cœur droict & les intentions bonnes, & que l'Eglise son Espouse est vne Mere charitable enuers les paures penitens. Ce grand Dieu qui a les cœurs en sa main, & qui les manie en la façō que le potier faict l'argile, attendoit tellement l'Abbesse de
ce

ce Monastere sur ceste pecheresse humiliée, qu'a l'imitation du pere du Prodigue elle la receu à bras ouuers cõme vne oüaille perdue & retreuuée, comme vn tresor recouuré, elle arrosa son visage de larmes, & tandis que les Anges se rejoüissoyent dans les Cieux de la conuersion de ceste ame, les Religieuses qui sont des Anges terrestres & visibles demenoyét vne grãde joye sur le retour de cette esgarée. O que les voyes de Dieu sõt admirables, ses routes adorables! qui eust iamais pensé que la reformatiõ fust re-

reuenuë dans ce Monastere par la mesme porte qui l'auoit emplie de scandale, tant il est vray que Dieu se plaist à faire sur-abonder la grace où le peché a regorgé. Celle-la mesme qui auoit mis cette maison en mauuaise odeur & pour parler auec les sainctes lettres en opprobre, & en parabole à tout le voisinage est celle qui y ramena les doux parfuns de son bó exéple, chágeant les ruines qu'elle auoit faittes en edificatió. C'est ainsi que le tout-puissant par des changemens reseruez à sa droitte rend vaisseaux

seaux d'hôneur ceux qui l'ôt auparauant esté d'ignominie. Ouy, car pour ne tirer point d'auantage en lógueur cette narration, elle deuint par sa Côtrition, par son Humilité, par son Abjectió, par sa Patience par ses Souffrances, par ses Mortificatiós extraordinaires, par ses Ieusnes, par ses Oraisons, par son Silence, par sa Retraite, par son Obeissance, par sa Pauureté, par sa Pureté, & la Pratique de toutes les vertus Chrestiénes & Religieuses vn si parfaict modele d'Obseruance reguliere, que peu à peu ceste pe-

petite pierre deuint vne grande montaigne; cette source assez foible se changea en vn si eclattant Soleil; ce grain de Seneué s'esleua en vn si grád arbre que les oyseaux du Ciel les meilleurs Religieuses de ce Conuent, & les animaux de la terre les moins deuottes se vindrent ranger aupres d'elle, prisans à la fin celle qu'elles auoyét mesprisée au commencement, & s'estimát trop heureuse d'aborder celle qu'elles auoyent si long téps dedaigneusement rejettée. O combien est vray ce qu'a dit le Redépteur, que plusieurs pe-

pecheurs viendront de l'Orient & de l'Occident reposer entre les bras d'Abraham, tandis que les enfans du Royaume seront releguez aux tenebres exterieures, l'humble repentance vault beaucoup mieux qu'vne innocéce presomptueuse, si la presomption peut estre innocéte deuát Dieu qui ne regarde que les choses húbles au Ciel & en la terre. Ie n'aurois iamais fait si ie voulois racóter par quelles iudustries elle appela auec peu de bruit, mais beaucoup de fruict la reformation dans ce Monastere,

&

& de quels moyens Dieu se seruit pour conduire par elle au chemin de l'Obseruance celles qui n'y auoyent iamais esté ny esleuées ny portées. O Seigneur, que vos Amours sont grandes & exquises en vostre volonté, & quelle est vostre volonté sinon nostre sanctification, veu que vous nous recommandez d'estre saincts ainsi que vous estes sainct vous mesme ! Iadis Dieu se seruit de la voix d'vne petite fille esclaue pour faire que Naaman s'addressant au Prophete fust purgé de sa Lepre, & par cette fille

le Repétante il introduit en cette maisõ qui n'auoit presque aucune marque de Regularité, & si deffigurée qu'õ la pouuoit tenir pour lepreuse, vne guerison accõplie par vne entiere reformation de mœurs, & vne parfaitte closture de murs. Cet heureux changemét donna occasion à vn Poëte de faire ce

SONNET

SVR LA CONVERSION DE FLAVIE.

Qvi m'aura veüé en vn honteux seruage

Viure

*Viure long temps & souffrir constam-
ment,*
*Voyant en moy vn si grand change-
ment*
S'estonnera où tourne mon courage.
 De ma raison ayant repris l'vsage
Le tout puissant m'ouure le iugement
Par le desir de viure sainctement
Pendant le cours du reste de mon âge.
 Iadis l'Amour attisa mon desir
Et j'y goustay vn profane plaisir
*Dont la memoire est l'horreur de mon
ame.*
 Mais par l'ardeur de la deuotion
Ore i'esteints ma vaine affection
Pour m'embraser d'vne diuine flame.

En fin apres vne longue Penitence, & auoir combatu de bons cōbats pour la Gloire & le seruice de Dieu, elle

K k

acheua pieusement sa course, effaçant par vne fin autant glorieuse deuant les hommes que precieuse deuant Dieu les taches que son desuoyement auoit imprimé sur son honneur; laissant vne memoire d'elle si remplie de benediction, qu'au lieu d'accuser ses erreurs on admiroit sa Penitence & l'on imitoit ses vertus; emplissant comme vne Magdeleine tout ce Monastere de la suauité du parfun de sa saincte vie. Ainsi Dieu changea autrefois au retour de la captiuité de Babylone la bouë qui fut treuuée

uée dans vn puits en vn feu sacré qui fut soigneusement conserué dans le temple, & duquel on allumoit les brasiers où se deuoyent consumer les hosties sacrifiées. Qui ne dira que Dieu pour vne Prouidence adorable a faict à cette Sœur & à son frere tirer profit de leur dommage, & moissonner leur eternelle felicité dans la tribulation. Certes qui voudra prendre garde par quelles routes il les à introduits au rafraichissement immortel, à trauers le feu & l'eau des peines temporelles, aura occasion

de se confirmer en la creance de cette verité, que Dieu comme bon Pere chastie ses enfans auec d'autant plus de seuerité qu'il les aime d'auátage, la verge de sa vertu estant celle de sa correction. O que bié-heureux sont ceux qui sont ainsi punis, & par ce moyen mis au chemin de leur salut. Ouy Seigneur, vous estes bon, & par vostre bonté paternelle vous nous apprenez vos iustifications, & nous enseignez les voyes de vos misericordes. Que si nous voulons espreindre dauantage les diuers euenemés
de

de cette Histoire, ne remarquerons nous pas en la mort d'Heliodore, que Dieu est jaloux de ses espouses & de la gloire de ses temples viuans; punissant tost ou tard d'vne façon exemplaire ceux qui sont si osez que de violer & de profaner comme des Balthazars les vaisseaux qui luy sont dediez. Aux auis de Luperque à Cecile ne verrons nous pas la prudence d'vn bō cerueau qui penetre par la pointe de son esprit dans les succes de l'auenir ; ne manquant pas a predire à cette femme (que l'aueuglement de sa passion rendoit inconsiderée) qu'elle se repentira à loisir de ses secondes nopces, où elle s'engageoit pluftoft pour satisfaire à ses appetits que pour aucune consideration bien iudicieuse. En la legereté de Cecile obliant tât de tesmoignages d'amitié que son premier Mary luy auoit tesmoignez durant sa vie, & les reconoissant si mal en ses enfans ; n'accusons pas tant l'infirmité & l'inconstance du sexe, que l'imprudence de cette femme, qui ne voyoit pas que pour tesmoigner vn bon naturel enuers

son

son second Mari elle se mõstroit desnaturée enuers ceux qui osterent la chair de sa chair & le sang de son sang. En l'accident deplorable qui luy rauit le petit Cecilian, qui estoit la prunelle de ses yeux & l'Idole de son cœur, apprenons que Dieu, jaloux de voir que l'on transporte à la creature l'Amour qui luy est plus iustement deuë, oste ordinairement aux parens les enfans qu'ils aiment dereglement & sur lesquels ils fondent leurs esperances. L'homme estant maudit en l'Escriture qui se fie en vn

autre, & qui met son bras sur la chair: c'est a dire, qui met son appui sur vn mortel. Si bien que les Peres & les Meres font bien qui tiennent leurs enfans de la main de Dieu, & comme en depost, prests à s'en desaisir quand celuy qui les à donnez les redemande; en la mesme façõ que les financiers gardent les tresors du Roy, prests a en vuider leurs coffres sur les ordonnances qui leur sont faittes de les distribuer. Mais que d'enseignemens brillent en la seule personne d'Aloph & combien les changemens
de

de la fortune se font ils paroistre en l'esleuement & en la cheute de c'est homme. O s'il eust marché droict, qu'il pouuoit couler vne vie heureuse & contente! mais c'estoit mal prendre ses mesures, de croire que ses desseins pûssent prosperer en s'attaquant aux orphelins dont Dieu se dit le Protecteur & le Pere, & dont il est si soigneux que qui les assaut le touche dans la prunelle de l'œil. Ce ne luy estoit pas assez d'auoir violenté Flauie en sa vocation, la forçant de se ietter dans vn Cloiſtre pour euiter ſes traittemens barbares, ſi encor il n'euſt reduit Seruat au deſeſpoir en luy faiſant empoigner les armes dont il luy oſta la vie. Certes il arriue ordinairement par les iuſtes iugemens de celuy qui ſonde les cœurs & penettre les penſées, que qui veut par des moyens pleins de ſupercheries attirer à ſoy le bien d'autruy ſe treuue enuelopé dans la perte de celuy qu'il pouuoit poſſeder auec Iuſtice. Les riottes & les caſtilles, qui naſquirent entre Cecile & luy monſtrent que les petites

tes étincelles quand elles sont negligées causent souuent de grands embrasemens. La precipitation qui le porta a prédre vengeance de la mort de Cecilian, dont Cecile n'estoit pas coulpable, fait voir les tristes effects de la colere laquelle comme les chiennes fait ses prodictions aueugles. Ses erreurs apres vn si mauuais acte declarent, que la coulpe est par tout suiuie de la peine, Dieu estant trop juste pour souffrir que les crimes soyent impunis. O Seigneur, s'escrie le Prophete, ceux qui s'esloignent de vous

vous periront infailliblemét, l'ame qui vous laisse, & qui se detraque du sentier de vostre loy, ne peut donner que dans les desastres; aussi la fin, qui a de coustume d'estre conforme à la bonne ou à la mauuaise vie, ayant faict tomber ce Gentil-homme sous les armes de celuy qu'il auoit tant persecuté, est vne naïue peinture de l'equité des iugemens de Dieu. Trop heureux Aloph, s'il eust sceu conduire sa barque auec prudence & iugement parmi les courans des prosperitez,
sur

sur lesquels il flottoit, il ne nous eut par donné le subject de representer ses desastres sous le tiltre de PARASTRE MAL-HEVREVX.

*FIN DE L'HISTOIRE
d'Aloph par M^r. de Bellay.*

www.ingramcontent.com/pod-product-compliance
Lightning Source LLC
Chambersburg PA
CBHW051900160426
43198CB00012B/1692